A Constituição Divina

RICHARD SIMONETTI

A Constituição Divina

CEAC
EDITORA

ISBN 85-86359-13-0
Capa: Maria Amélia Bittencoutrt
Renato Leandro de Oliveira

Gráfica São João Ltda.
13 Edições
64.000 exemplares

CEAC EDITORA
8ª edição - maio de 2013
2.000 exemplares
12.501 a 14.500

Edição e Distribuição
CEAC EDITORA

CEAC
EDITORA

Rua 7 de Setembro 8-56
Fone/Fax (14) 3227-0618
CEP 17015-031-Bauru-SP
e-mail: ceaceditora@ceac.org.br
www.ceac.org.br

Catalogação na Fonte do
Departamento Nacional do Livro

S598c
Simonetti, Richard, 1935 -
A constituição divina / Richard Simonetti; -
Bauru, SP: CEAC, 1999.

176.; cm.

ISBN 85-86359-13-0

1. Espiritismo I. Centro Espírita Amor e Caridade.
II. Título.

CDD-133.9

Dedico este livro àqueles que procuram um significado para a existência humana

e

aos meus filhos Alexandre, Carolina, Graziela e Giovana, desejando-lhes a suprema felicidade de compreender e cumprir as Leis de Deus.

A todos os homens facultou Deus os
meios de conhecerem sua lei?

Todos podem conhecê-la, mas nem todos a compreendem. Os homens de bem e os que se decidem a investigá-la são os que melhor a compreendem. Todos, entretanto, a compreenderão um dia, porquanto forçoso é que o progresso se efetue.

Livro dos Espíritos, questão 619

ÍNDICE

DE CÉSAR E DE DEUS

Constituição - define o Novo Dicionário Aurélio - é a Lei fundamental e suprema dum Estado, que contém normas respeitantes à formação dos poderes públicos, forma de governo, distribuição de competências, direitos e deveres dos cidadãos, etc.

A nova Carta Magna de nosso país, a despeito de suas falhas, representa um respeitável esforço para a formação de uma sociedade mais justa e feliz.

O grande problema das constituições é que exigem fiscalização para que sejam cumpridas. E como o Estado é impotente para fazê-lo em plenitude, situam-se como letra morta para considerável parcela da população, particularmente para aqueles que detêm a riqueza e o poder ou que, simplesmente, usam de esperteza, consagrada entre nós como o jeitinho brasileiro *de descumprir as leis.*

Acima das leis humanas, transitórias e imperfeitas, há uma Legislação Divina, que independe de organismos policiais, porquanto vige na intimidade de nossa própria consciência, premian-

do-nos com a felicidade quando a observamos ou corrigindo-nos com o sofrimento, quando dela nos distanciamos.

Na terceira parte de O Livro dos Espíritos, *Allan Kardec desenvolve oportuno estudo a respeito do assunto, apresentando-nos as seguintes leis:*

Lei de Adoração.
Lei do Trabalho.
Lei de Reprodução.
Lei de Conservação.
Lei de Destruição.
Lei de Sociedade.
Lei do Progresso.
Lei de Igualdade.
Lei de Liberdade.
Lei de Justiça, de Amor e de Caridade.

Configuram, em conjunto, a Lei Divina ou Natural, um precioso roteiro para que nos disponhamos a cumprir a vontade de Deus.

Nestas páginas abordamos singelamente algumas questões propostas pelo Codificador, cujas respostas revelam princípios universais que serão plenamente assimilados pelos legisladores do futuro, em sociedades integradas na Vida Universal e perfeitamente conscientes da Paternidade Divina.

Não obstante nossas limitações de aprendiz, anima-nos o propósito de contribuir para o estudo metódico e disciplinado de O Livro dos Espíritos *nos agrupamentos espíritas.*

Entendemos que nos tempos conturbados em que vivemos é importante saber o que Deus espera de nós, dispondo-nos ao respeito pelas instituições e à observância das Leis da Terra como parte de nosso empenho por cumprir as Leis do Céu, segundo nos ensinou Jesus, o Mestre Supremo, ao proclamar:

A César o que é de César e a Deus
o que é de Deus.

Bauru, julho de 1988.

CEQUESSU

Que se deve entender por Lei Natural?

A Lei Natural é a Lei de Deus. É a única verdadeira para a felicidade do Homem. Indica-lhe o que deve fazer ou deixar de fazer e ele só é infeliz quando dela se afasta.

Questão 614 (Da Lei Divina ou Natural).

A direção da faculdade decidira promover um debate sobre assuntos de atualidade, solicitando aos alunos que sugerissem, por escrito, os temas.

Houve várias indicações: violência, inflação, tóxico, suicídio, loucura, relacionamento familiar, vocação... Uma delas era decididamente estranha. O autor escrevera simplesmente cequessu. A palavra não estava registrada em nenhum dicionário. Seria um neologismo? Não havia pistas etimológicas relacionadas com sua possível origem. E se fosse uma expressão estrangeira? Lembrava um pouco a pronúncia francesa... Consultaram especialistas em Francês e também Inglês, Italiano, Alemão... Pesquisa inteiramente inútil. Ninguém a conhecia.

Foi então que um velho professor de Português, habituado a decifrar as idiossincrasias linguísticas dos alunos, concluiu que não estavam às voltas com estrangeirismo, modismo ou neologismo, embora enquadrado noutro *ismo*. Tratava-se de um *analfabetismo*, porquanto o aluno pretendera referir-se a um tema antigo, velho como o Homem, muito conhecido, muito debatido, e o grafara tão deturpado que o tornara irreconhecível. Conforme foi confirmado depois, junto ao autor da proeza, aquele cequessu significava *sexo*.

Fora esse o tema escolhido pelo estudante que, como tantos outros, se alfabetizara na adolescência, em curso tipo *mobral*; em seguida, transitou precariamente pelo supletivo ginasial e colegial e, num exame elementar de seleção, em escola com oferta de vagas maior que a procura, ingressou no curso superior. Um semianalfabeto na faculdade, por falta de vivência escolar, de convívio com os livros, em aprendizado metódico e disciplinado.

Assim como acontece em relação à língua pátria, há muita gente iletrada, espiritualmente, cursando a Universidade da Vida. São pessoas incapazes de distinguir, em profundidade, o certo do errado, a virtude do vício, o bem do mal, confundindo-se e se comprometendo, frequentemente, em erros elementares de julgamento.

Esses insipientes companheiros de jornada evolutiva revelam, não raro, inteligência brilhante, cultura respeitável ou apreciável sensibilidade artística. Destacam-se. Conseguem sucesso e prestígio, utilizando-se dos meios de comunicação, particularmente a televisão, onde são admirados por milhões de pessoas. No entanto, incapazes de vivenciar os grandes temas morais, transformam-se em instrumentos de perturbação e desajuste - cegos a guiar outros cegos - veiculando ideias que, aparentemente ousadas e renovadoras, semeiam a confusão, induzindo a multidão desavisada a um comportamento irregular e vicioso.

É evidente que cada indivíduo atua no meio social conforme o estágio de evolução que lhe é próprio. Se imaturo, ainda que culto e inteligente, terá dificuldade em ajustar-se a padrões de virtude e discernimento.

Importante considerar, entretanto, que estamos na escola terrestre exatamente para superar nossa ignorância espiritual, nosso atraso moral. Desfrutando os benefícios do esquecimento temporário, que nos permite superar paixões e fixações que precipitaram nossas quedas em vidas anteriores, podemos, desde que convenientemente preparados, operar nosso ajuste às Leis Divinas.

Sobretudo, é possível exercer benéfica influência em favor dos aprendizes que chegam à Terra pela porta da reencarnação. A Doutrina Espírita explica que o estágio infantil é extremamente favorável a esse processo. Nessa fase o Espírito é muito sensível às impressões que colhe no contato com os adultos. Um trabalho bem feito, uma orientação saudável, em nível de escolaridade, poderá oferecer-lhe preciosa oportunidade de renovação, o que na idade adulta será mais difícil, em face da milenar tendência humana de acomodamento às próprias mazelas.

Um exemplo simples ilustra perfeitamente o assunto: o fumante inveterado colhe mil informações a respeito dos malefícios do fumo. Há tantos problemas provocados pelo cigarro que o conhecimento deles é assustador. No entanto, nem assim ele consegue convencer-se da necessidade de deixar de fumar. Há um bloqueio em sua vontade, um desvio de entendimento provocado pelo próprio vício. Ainda que inteligente e ativo, o fumante revela-se obtuso quando se trata do cigarro. Por isso costuma-se dizer que o cigarro tem uma brasa de um lado e um tolo no outro. Faltou, certamente, ao fumante, uma orientação adequada sobre o assunto, no tempo devido. Faltou escolaridade. Se desde a infância ele houvesse recebido esclarecimentos precisos, dificilmente seria envolvido por esse vício terrível.

É bastante ilustrativo que nas mocidades espíritas, em instituições bem orientadas, raros jovens viciam-se no fumo. Não que sejam submetidos a rígidas disciplinas, a uma proibição rigorosa. Simplesmente os moços são esclarecidos, durante anos, desde as aulas de evangelização infantil, sobre o problema, preparando-se, inclusive, para enfrentar as pressões do ambiente escolar, dos clubes sociais, das reuniões com os amigos, onde o adolescente adere ao vício simplesmente para não se sentir deslocado, diferente, inseguro...

Daí a importância da iniciação religiosa em bases de escolaridade, desde a mais tenra infância, a fim de que o Espírito que inicia a romagem terrena seja preparado para a observância das Leis Divinas, aproveitando integralmente as oportunidades de edificação da jornada humana e vivenciando corretamente, na Universidade da Vida, os grandes temas morais, sem fazer confusões do tipo cequessu.

A COMUNHÃO COM DEUS

Qual o caráter geral da prece?

A prece é um ato de adoração. Orar a Deus é pensar nEle; é aproximar-se dEle; é pôr-se em comunhão com Ele. A três coisas podemos propor-nos por meio da prece: louvar, pedir e agradecer.

Questão 659 (Da Lei de Adoração).

Adorar é gostar muito, extremadamente. Adoro meus filhos, adoro chocolate, adoro correr...

A mesma expressão é empregada para definir o culto à divindade. Adorar a Deus é buscar a comunhão com Ele, atendendo três objetivos:

Primeiro: Louvar, reconhecendo a grandeza do Criador, Sua presença em nossas vidas e sentindo nEle o nosso apoio maior, nossa inspiração mais sublime, nossa esperança mais autêntica, como exprime admiravelmente David no famoso Salmo XXIII, conforme versão de

Emmanuel, no livro *Paulo e Estevão*, psicografia de Francisco Cândido Xavier:

O Senhor é o meu Pastor,
Nada me faltará.
Deitar-me faz em verdes pastos,
Guia-me mansamente
A águas mui tranquilas,
Refrigera minh'alma,
Guia-me nas veredas da justiça
Por amor do seu nome.
Ainda que eu andasse
Pelo vale das sombras da morte,
Não temeria mal algum
Porque Tu estás comigo...
A tua vara e o teu cajado me consolam.
Preparas-me o banquete do amor
Na presença dos meus inimigos,
Unges de perfume a minha cabeça,
O meu cálice transborda de júbilo!...
Certamente,
A bondade e a misericórdia
Seguirão todos os dias de minha vida
E habitarei na Casa do Senhor
Por longos dias...

Essa exaltação é de fundamental importância, não apenas para tornar produtiva e disciplinada a existência nos dias tranquilos, mas também para favorecer o equilíbrio e a serenidade quando desabam as tormentas existenciais, reconhecendo, segundo a expressão evangélica, que *até os fios de nossa cabeça estão contados* (Mateus, 10:30), isto é, o Senhor conhece-nos melhor do que nós mesmos e nos oferece experiências compatíveis com nossas necessidades, sem jamais ultrapassar nossa capacidade de suportá-las, cobrando-nos em *suaves prestações* débitos que nos esmagariam se fôssemos convocados a resgatá-los numa só parcela.

Pedir é o segundo propósito na oração, algo perfeitamente admissível, um direito de todo filho que se dirige a seu pai.

Por quê? Afinal, Deus conhece perfeitamente nossas necessidades...

Quem raciocina assim desconhece que a oração não objetiva trazer Deus até nós, mas de elevar-nos até Ele; nem se trata de expor nossos desejos e, sim, de criar condições para receber Suas bênçãos, que se espalham por todo o Universo. Estamos mergulhados nelas, diz André Luiz, como peixes no oceano. Todavia, para que as assimilemos é preciso que preparemos o coração, a fim de não nos situarmos como um homem que morre de sede, embora dentro de uma piscina, por recusar-se a abrir a boca.

Há quem reclame que suas preces não são ouvidas. É que pedimos o que queremos; Deus nos dá o que precisamos, e raramente compatibilizamos desejos e necessidades legítimas. A criança com uma fratura na perna pedirá mil vezes a seu pai que a liberte do gesso que a incomoda. Não será atendida, em seu próprio benefício. Todos temos *fraturas morais.* Se pretendemos que o Senhor nos libere de sofrimentos e dificuldades retificadoras, fatalmente colheremos decepções.

O ideal, portanto, não é pedir que Deus nos favoreça nas situações da Terra, mas que nos fortaleça para as realizações do Céu, inspirando-nos o comportamento mais adequado, a atitude mais digna, o esforço mais nobre.

Em *Recados do Além*, psicografia de Francisco Cândido Xavier, Emmanuel oferece um modelo perfeito para esse tipo de oração, com palavras singelas que dizem tudo:

Jesus! Reconheço que a Tua vontade é sempre o melhor para cada um de nós; mas se me permites algo pedir-Te, rogo me auxilies a ser uma bênção para os outros.

O terceiro propósito na oração; agradecer. Deus coloca à nossa disposição, diariamente, riquezas inestimáveis: As manifestações da Natureza, o conforto do lar, as possibilidades da inteligência, a disciplina do trabalho, a oportunidade de servir... Mil bênçãos!...

Se, ante as lutas da existência, desanimamos ou nos comprometemos no desajuste, não é por ausência da Providência Divina, mas, simplesmente porque, esquecidos de agradecer pelos valores mais importantes, cérebro povoado por quimeras, coração possuído por sentimentos menos edificantes, não prestamos atenção aos sinais que Deus estende no caminho em favor de nossa segurança e paz. A propósito há o curioso episódio de um sábio hindu que, inspirado, dizia ao discípulo:

Meu filho, infinitas são as bênçãos que devemos agradecer ao Criador: a beleza da flor, o verde das matas, o azul do céu, o brilho das estrelas, a majestade do oceano, o sorriso da criança... Em toda a Criação há sinais da Sublime Presença, convidando-nos à confiança e oferecendo-nos conforto e alegria.

Impressionado com tais raciocínios, o aprendiz, de retorno ao lar, divagava;

Sim, há muito que agradecer. Deus está presente em tudo! Nesta flor que desabrocha, deslumbrante; naquela cascata que canta a sublimidade da Vida, no Sol, que ilumina o Mundo!...

Despertando de seu deslumbramento íntimo, avistou um elefante furioso que corria pela estrada, em sua direção. Montado no animal, um homem advertia aos gritos:

Sai da frente, sai da frente!...

Ah! - suspirou, tranquilo - nada há a temer. A Majestade Divina está naquele elefante furioso que se aproxima. O nobre animal também faz parte da Criação.

Mal formulara semelhante raciocínio e foi violentamente colhido pelo paquiderme, que o atropelou como um trem expresso, jogando-o a distância.

Com contusões generalizadas, sentindo mil dores, foi socorrido pelo seu mestre, que ouvira o barulho. Medicado, entre gemidos, o discípulo comentou, queixoso:

O senhor disse que Deus está em todas as manifestações da Natureza, até nos animais! Veja como fiquei por supor que Ele estava naquele elefante furioso!...

O sábio sorriu, benevolente, e respondeu:

Meu filho, realmente Deus está presente em tudo. Até naquele elefante furioso. Entretanto, você se esqueceu de que o Todo-Poderoso estava também naquele homem que alertava, a plenos pulmões: Sai da frente, sai da frente!...

A PORTA DO CORAÇÃO

Agrada a Deus a prece?

A prece é sempre agradável a Deus, quando ditada pelo coração, pois, para ele, a intenção é tudo. Assim, preferível lhe é a prece do íntimo à prece lida, por muito bela que seja, se for lida mais com os lábios do que com o coração. Agrada-lhe a prece, quando dita com fé, com fervor e sinceridade. Mas, não creais que o toque a do homem fútil, orgulhoso e egoísta, a menos que signifique, de sua parte, um ato de sincero arrependimento e de verdadeira humildade.

Questão 658 (Da Lei de Adoração).

Oração é sentimento. Podemos, com as palavras, exprimir o que vai em nosso íntimo. Mas, se nos limitamos a pronunciá-las ou repeti-las em meras fórmulas verbais, caímos no mecanicismo estéril em que os lábios movimentam-se divorciados do coração.

Esse engano é cometido por muitos profitentes religiosos que decoram orações usando-as como recursos mágicos para solução de seus problemas, cuja eficiência estaria subordinada à quantidade de repetições. Isso ocorre particularmente com o sublime *Pai Nosso*, de Jesus, precioso roteiro da oração confundido com inócua reza.

Havia um preto velho que era escravo. Trata-se, sem dúvida, da mais degradante condição social a que se possa submeter alguém. O infeliz não detém a posse de si mesmo. Há um senhor que pode dispor de seu corpo, de seu trabalho, de suas horas e até de seu corpo. Não obstante ele vivia relativamente feliz, porquanto era alguém profundamente ligado a Deus.

Diariamente, em plena madrugada, dirigia-se à gleba de terra sob seus cuidados e, antes de iniciar o trabalho do dia, tirava o chapéu, erguia o olhar para o céu, levava a mão direita ao peito e dizia, humilde:

Sinhô! Preto veio tá qui!

Apenas isso. Ele era analfabeto e não conhecia muitas palavras, mas fazia o essencial: exercitava o sentimento, com o impulso do filho de Deus que não quer iniciar seu dia sem pedir a bênção do pai.

O que importa, portanto, na prece, não é sua duração, a repetição, a sofisticação das expressões. Fundamental, indispensável é a presença do sentimento.

Há pessoas que, atormentadas por complicadas perturbações, submetem-se durante longos períodos ao tratamento psicanalítico. Falam, em numerosas sessões de terapia, de sua vida pregressa. Enunciam seus anseios, seus receios, os problemas existenciais, enquanto o médico, anotando aquela enxurrada de informações, tenta pôr um pouco de ordem em sua casa mental, ajudando-as a superar suas angústias.

Embora o respeito que merecem os profissionais que se dedicam a esse tipo de atividade, dificilmente conseguirão penetrar os socavões da individualidade humana, definindo com exatidão a natureza dos males que afligem os pacientes, mesmo porque a origem perde-se, geralmente, no passado remoto, representando apenas o substrato de lamentáveis comprometimentos com as Leis Divinas.

Resultados mais amplos e eficientes alcançariam os próprios consulentes se, sem abdicarem dos benefícios da Medicina, conversassem com Jesus, o médico das Almas, falando-lhe de seus anseios e receios, sempre com a orientação de um sentimento profundo de contrição, com o reconhecimento das próprias mazelas, sem o que a prece poucos resultados produzirá. Inconcebível orar retendo mágoas e rancores, invejas e irritações. É o que explicam, na questão 660-a, os Espíritos que assistem Kardec:

O essencial não é orar muito, mas orar bem. Essas pessoas supõem que todo o mérito está na longura da prece e fecham os olhos para seus próprios defeitos. Fazem da prece uma ocupação, um emprego, nunca, porém, um estudo de si mesmas. A ineficácia, em tais casos, não é do remédio, sim da maneira por que o aplicam.

Aqueles que colocam na prece os ingredientes da humildade e da sinceridade, dispostos a reconhecer suas mazelas, no propósito da própria renovação, têm suas dificuldades dissolvidas pelos mananciais de bênçãos que se derramam sobre suas cabeças, emanados do Criador.

O alcoolismo situa-se como um dos mais graves males

humanos. É considerado doença grave, quase incurável. Frequentemente, após passar meses em hospital especializado, desintoxicando-se, o viciado, de retorno ao lar, entra no primeiro bar para *um trago apenas*, que se faz seguido por muitos outros, sustentando o círculo vicioso de recuperação precária e recaída certa.

Só há uma terapia definitiva para o alcoolismo: a oração. Se o alcoólatra, reconhecendo sua miséria moral e física, dispuser-se a conversar com o Cristo, expondo-lhe suas limitações, fatalmente receberá o apoio espiritual que lhe permitirá vencer o vício.

No quadro *A Luz do Mundo* o pintor Holan Hunt mostra Jesus num jardim, à noite, segurando na mão esquerda uma lanterna, e com a direita batendo numa porta. Ao ver o quadro um crítico de arte observou:

– Senhor Hunt, esta obra não está acabada. Falta pintar a maçaneta da porta.

– Engano seu - explicou o artista. - Esta porta simboliza o coração humano. Só pode ser aberto pelo lado de dentro.

A ajuda do Céu chega invariavelmente, em todas as situações desde que nos disponhamos a abrir o coração.

EM FAVOR DO EQUILÍBRIO

Em mundos mais aperfeiçoados, os homens se acham submetidos à mesma necessidade de trabalhar?

A natureza do trabalho está em relação com a natureza das necessidades. Quanto menos materiais são estas, menos material é o trabalho. Mas, não deduzais daí que o homem se conserve inativo e inútil. A ociosidade seria um suplício, em vez de ser um benefício.

Questão 678 (Da Lei do Trabalho).

Consciência cósmica do Universo, presença imanente na obra da Criação, Deus é, segundo a definição magistral contida na primeira questão de O *Livro dos Espíritos*, *a inteligência suprema, causa primária de todas as coisas.*

A semente que germina, a flor que desabrocha, a criança que vem à luz, originam-se de outros seres. A Natureza lhes oferece alimento, o tempo lhes impõe transformismo incessante, a Vida cumpre seus ciclos, mas é o Governador Supremo quem comanda o processo.

Há leis físicas que regem o Universo, como a da gravitação, enunciada por Newton: *os corpos se atraem na razão direta de suas massas e na razão inversa do quadrado da distância que os separa.* Obviamente alguém a instituiu e lhe dá cumprimento, já que se trata de um efeito inteligente e, mais que isso, imutável porque absolutamente perfeito. O autor e executor dessa lei e das demais que regem a Criação, é Deus, o Motor Supremo, no dizer de Aristóteles, que movimenta o Universo e sustenta a Vida.

Seguindo essa mesma linha de raciocínio poderíamos concluir que se por um único momento Deus deixasse de exercitar seus poderes soberanos, sobreviria o caos. Por isso Jesus dizia: *Meu Pai trabalha até agora...* (João 5:17), definindo a ação divina, eterna, onipotente, onipresente.

Segundo a narrativa bíblica, fomos criados à imagem e semelhança de Deus. Consequentemente, há algo em nós que identifica essa filiação divina. Trata-se do poder criador, que nos distingue dos demais seres da Criação. Seu desenvolvimento e equilíbrio estão subordinados à ação disciplinada ou trabalho. Sem esse exercício nosso universo interior estaria submetido à mesma desagregação que atingiria o Mundo se Deus decidisse *descansar*.

No atual estágio evolutivo estamos vinculados a um planeta de matéria densa, usando pesado *escafandro* - o corpo - cuja sustentação exige intermináveis labores que, indispensáveis à preservação da vida física, ajudam-nos a superar a dificuldade de iniciativa e a indolência que decorrem da pouca familiaridade com o uso disciplinado de nossas potencialidades criadoras. Enquanto permanecíamos no *ventre da natureza*, estagiando na irracionalidade, antes da conquista da razão, essa passividade era natural. Hoje ela é comprometedora e nos desestabiliza. Por isso costuma-se dizer que *mente vazia é forja do demônio.*

A passagem mitológica de Jeová impondo a Adão e Eva o sustento com o *suor do rosto*, oferece-nos um simbolismo precioso. Longe de significar um castigo, o trabalho pela sustentação da vida na Terra é um abençoado recurso de equilíbrio para o Homem que, emergindo do sono milenar da animalidade, não aprendeu, ainda, a usar os prodigiosos poderes que configuram sua filiação divina.

À medida em que o Espírito evolui, seu labor, que em princípio atendia exclusivamente às próprias necessidades, orienta-se no sentido de contribuir para a harmonia universal, transformando-o, progressivamente, em instrumento legítimo da vontade do Senhor, copartícipe na obra da Criação, como o filho adulto que, consciente e esclarecido, conhece suas responsabilidades, dispondo-se a colaborar com o pai.

Nesse caminho estão comunidades como a de *Nosso Lar*, cidade do Além, descrita pelo Espírito André Luiz, psicografia de Francisco Cândido Xavier, em obra homônima. Livres das necessidades inerentes ao corpo físico, disciplinados e ativos, seus habitantes dedicam-se ao serviço do Bem, em favor de companheiros comprometidos com o desajuste que permanecem compulsoriamente em zonas purgatoriais, no Umbral.

Em estágios mais altos de espiritualidade e desenvolvimento das potencialidades criadoras, encontramos os Engenheiros Siderais que presidem as manifestações da Natureza, executando a Vontade Divina.

O exemplo maior está em Jesus, governador da Terra, segundo Emmanuel, que orienta, desde os primórdios de nosso planeta, as coletividades que aqui evoluem. Essa condição está expressa na mesma citação evangélica (João 5:17), quando o Mestre, após proclamar que Deus trabalha incessantemente, completa *...e eu também.*

Mesmo na Terra, se buscarmos exercitar a mente em raciocínios relativos à Vida Eterna, tenderemos a orientar nosso trabalho muito mais em favor do bem-estar coletivo do que em nosso próprio benefício, integrando-nos no ritmo da harmonia universal, sob a *batuta* de Deus, o Supremo Regente.

Natural, portanto, que os grandes benfeitores, em todos os setores da atividade humana, sejam, essencialmente, grandes servidores, dedicando suas existências ao ideal sublime da fraternidade humana. Compreensivelmente, são sempre fortes e empreendedores, perseverantes e capazes, ainda que enfrentando problemas e dificuldades variadas. É que, plenamente identificados aos propósitos da Vida, instrumentos fiéis do Bem, fluem incessantes por eles, a se expandirem ao seu redor, as bênçãos de Deus.

O PÃO DA VIDA

Porque provê a Natureza, por si mesma, a todas as necessidades dos animais?

Tudo em a Natureza trabalha. Como tu, trabalham os animais, mas o trabalho deles, de acordo com a inteligencia de que dispõem, se limita a cuidarem da própria conservação. Daí vem que do trabalho não lhes resulta progresso, ao passo que o do homem visa duplo fim: a conservação do corpo e o desenvolvimento da faculdade de pensar, o que também é uma necessidade e o eleva acima de si mtsmo...

Questão 677 (Da Lei do Trabalho).

É elementar que não podemos analisar a Bíblia em seu sentido literal, sob pena de cairmos em infantilidade como a de supor que Deus tenha criado o Universo em seis dias, descansando no sétimo, como se fora um operário cósmico.

Ao longo do Velho Testamento está sempre presente a concepção antropomórfica de um criador à imagem e semelhança do Homem, com os mesmos impulsos passionais, os mesmos desejos e contradições e até a necessidade de repousar.

O Universo, segundo está definido pela Ciência, tem no mínimo quinze bilhões de anos; a Terra, perto de quatro bilhões e meio. São eternidades diante dos acanhados quatro ou cinco mil anos que nos fazem supor os textos bíblicos para o início de todo.

Da mesma forma, é ridículo, em face do conhecimento atual, conceber que Deus tenha moldado Adão da argila, soprando-lhe a vida, e que uma de suas costelas foi a matéria-prima para o nascimento de Eva. Sabemos hoje que a presença do Homem na Terra representa a culminância de uma evolução que começou há bilhões de anos, com manifestações primitivas de vitalidade, em organismos unicelulares que se desenvolveram lentamente, até atingir a complexidade necessária para a manifestação da inteligência.

A Bíblia revela que Adão e Eva perderam o paraíso por terem cometido o *pecado* de comer o fruto da árvore da ciência do bem e do mal. Um incrível absurdo, se tomado ao pé-da-letra. Imaginemos um pai ameaçando o filho:

Dar-lhe-ei proteção, alimento, moradia e atenção, mas com uma condição: que você permaneça na ignorância. A partir do momento em que se atrever a qualquer empenho de aprendizado eu o expulsarei!

E como Adão e Eva poderiam incorrer em desobediência se, antes de cometerem o *crime* de discernir entre o bem e o mal, não tinham noção do que é certo ou errado, justo ou injusto, obedecer ou desobedecer?

Erich Fromm, famoso psicanalista alemão, escreve que o pecado original simboliza a conquista da razão. A partir do momento em que algumas espécies animais, parentes dos símios antropoides, começarama ensaiar o raciocínio, saíram da Natureza, isto é, deixaram de ser conduzidas e se viram na contingência de caminhar com seus próprios pés. Surgia, assim, o Homem, o ser pensante, que perdia o paraíso ou, mais exatamente, a plena identificação com a vida natural.

O castigo divino, *ganhar o pão de cada dia com o suor do rosto*, registrado na Bíblia, apenas exprime uma contingência imposta pelas necessidades evolutivas do Homem, não mais um simples animal irracional controlado pelo instinto, mas um ser inteligente chamado a exercitar o livre-arbítrio.

O trabalho configura-se, assim, como uma lei de observância indispensável, não apenas em favor de sua sobrevivência, mas também para que desenvolva a inteligência e supere em definitivo os resquícios de irracionalidade.

No irracional, guiado pelo instinto, o esforço pela subsistência é mínimo. A mãe natureza o atende. No homem, orientado pela razão, que deixou o berço e começa a andar, há uma solicitação bem maior de trabalho que tanto mais complexo se torna quanto maior o seu desenvolvimento intelectual, sofisticando suas necessidades de conforto e bem estar.

O aprimoramento da inteligência é uma bênção, mas lhe impõe dúvidas e incertezas que não existiam no *paraíso.*

A principal delas é saber sobre si mesmo, decifrar os porquês da existência e, sobretudo, descobrir o que há além da dimensão física, já que algo lhe diz, nas profundezas da Alma, que a Vida sobrepõe-se à morte do corpo físico.

Para tanto é preciso trabalhar por um outro tipo de alimento, que muito mais que o mero suor do rosto, exige o desenvolvimento da sensibilidade, a disciplina das emoções e muita humildade, para que, habilitado a enxergar além das limitações físicas, encontre os sinais de sua gloriosa destinação.

Algo desse *pão da vida* foi oferecido ao Homem num instante glorioso da história humana, por um mensageiro divino que se chamou Jesus.

CONTROLE DA NATALIDADE

São contrários à lei da Natureza as leis e os costumes humanos que têm por fim ou por efeito criar obstáculos à reprodução?

Tudo o que embaraça a Natureza em sua marcha é contrário à lei geral.

Entretanto, há espécies de seres vivos, animais e plantas, cuja reprodução indefinida seria nociva a outras espécies e das quais o próprio homem acabaria por ser vítima. Pratica ele ato repreensível, impedindo essa reprodução?

Deus concedeu ao homem, sobre todos os seres vivos, um poder de que ele deve usar, sem abusar. Pode, pois regular a reprodução, de acordo com as necessidades. Não deve opor-se-lhe sem necessidade. A ação inteligente do homem é o contrapeso que Deus dispôs para restabelecer o equilíbrio entre as forças da Natureza e é ainda isso o que o distingue dos animais, porque ele obra com conhecimento de causa...

Que se deve pensar dos usos, cujo efeito consiste em obstar à reprodução, para satisfação da sensualidade?

Isso prova a predominância do corpo sobre a alma e quanto o homem é material.

Questões 693, 693-a e 694 (Da Lei de Reprodução).

As três questões propostas por Kardec, em relação ao tema que ele define como *obstáculos à reprodução*, são sugestivas e representam preciosa contribuição para uma definição espírita a respeito do assunto.

Numa apreciação superficial podem parecer contraditórias as duas respostas iniciais. Se por um lado os Espíritos explicam que a utilização de recursos anticoncepcionais contraria a lei natural, por outro admitem que o homem pode, com sua inteligência, regular a reprodução dos seres vivos.

No entanto, não existe nenhuma contradição. Na primeira questão há uma referência à ação consciente do homem, contrariando a Natureza para atender seus interesses. Exemplo: A castração de animais, a fim de que ganhem peso além do normal, em prazo menor para o abate, o que reduz as despesas e aumenta o rendimento na venda da carne.

É diferente quando o homem usa a inteligência em favor do equilíbrio ecológico, situando-se como instrumento de Deus. Exemplo: Com a aplicação de radioatividade os cientistas tornam estéreis determinados insetos nocivos. Disseminados depois na região que se pretende controlar, eles se acasalam com as fêmeas sem fecundálas, numa progressão que reduz drasticamente a população dessas espécies.

E quanto à espécie humana? Será lícito ao Homem controlar a própria reprodução?

Ora, se ele pode fazê-lo em relação aos seres inferiores, colaborando com o Criador, obviamente pode desfrutar de idêntica prerrogativa em relação a si mesmo. A paternidade é um compromisso intransferível e quanto mais conscientes estiverem o homem e a mulher dos cuidados que devem dispensar aos filhos, mais amplo o seu direito de planejar a família. Não é razoável impor-lhes que não evitem filhos, brandindo ameaças de sanções divinas, porquanto os que assim proclamam não irão ajudá-los a sustentar a prole, nem enfrentarão os intermináveis cuidados e preocupações que ela exige.

Há algumas dúvidas. Não é a família planejada no Plano Espiritual, antes da reencarnação? Não mergulhamos na carne com uma definição quanto ao Espíritos que comporão nosso lar?

Realmente isso ocorre, mas não como regra geral. Há muitos casamentos acidentais e uniões passageiras, motivados por mera atração física, sem ascendentes espirituais (o crescente contingente de pessoas que partem para novas experiências conjugais evidencia esta realidade, já que, normalmente, ninguém, ao reencarnar, propõe-se a essa diversificação). Considere-se. também, que há muitos Espíritos que literalmente são tragados pelas leis do renascimento quando o óvulo é fecundado pelo espermatozóide, após a relação sexual, que estabelece um campo de força magnética passível de atraí-los para a reencarnação, quando ligados ao casal, não raro em processos obsessivos. Não nos referimos às entidades malfazejas, inteligentes, conscientes dos transtornos que causam. São apenas companheiros de inconsequência do passado, empolgados pelas impressões da vida material, que se imantam ao seu psiquismo, em decorrência dos princípios de afinidade. Funciona aqui o automatismo das leis de Sintonia Psíquica, Causa e Efeito e Reencarnação, sem que tenha ocorrido prévio entendimento entre eles.

Mesmo quando a família é planejada os cônjuges costumam mudar de ideia, porquanto nossa visão a respeito dos problemas humanos, na Espiritualidade, é bem diferente do que enxergamos na Terra. No Além assumimos compromissos que nem sempre nos dispomos a cumprir, principalmente no que diz respeito ao número de filhos.

Na questão 694 os Espíritos não condenam a limitação da natalidade, proclamando-a crime ou pecado. Apenas explicam que tal tendência revela que prevalecem na criatura humana os impulsos imediatistas e materiais, acima dos compromissos espirituais.

Em face disso desenvolvem-se métodos anticoncepcionais variados, que objetivam satisfazer o animal homem, a procura de prazer sem comprometimento com filhos, em detrimento do Espírito eterno. Todos eles, a pílula, o diu, o espermicida, o preservativo, o diafragma, representam o mal menor, diante do grande crime que é o aborto, porquanto trata-se de um assassinato intrauterino, que elimina um ser humano em desenvolvimento, interrompendo o processo reencarnatório com o propósito puro e simples de evitar labores e responsabilidades.

E quando, em virtude de complicações durante a gestação há perigo de vida para a mãe ou problemas envolvendo o desenvolvimento normal do feto?

Kardec aborda a primeira hipótese, em O *Livro dos Espíritos*, questão 359: *Dado o caso que o nascimento da criança pusesse em perigo a vida da mãe dela, haverá crime em sacrificar-se a primeira para salvar a segunda?*

Resposta: *Preferível é se sacrifique o ser que ainda não existe a sacrificar-se o que já existe.*

Na segunda hipótese não há orientação firmada na Codificação, já que não dispunha a Medicina, no século passado, de recursos para antecipar as condições físicas do bebê, ao nascer. É um assunto discutível, onde é importante considerar a disposição da gestante. São numerosos os exemplos de prognósticos médicos relacionados com possíveis problemas congênitos do bebê, os quais não se confirmam quando ocorre o nascimento.

Ainda a respeito do assunto há os anticoncepcionais definitivos, como a laqueadura, na mulher, e a vasectomia, no homem, procedimentos cirúrgicos que permitem o livre relacionamento sexual sem compromisso de filhos. Principalmente a vasectomia está largamente difundida na Índia e na China, com amplo estímulo do Estado, com o propósito de conter a explosão demográfica. A esterilização é, também, um assunto discutível, porquanto trata-se de uma prática antinatural, passível de lesionar o perispírito, com repercussões negativas no psiquismo do indivíduo e reflexos na economia orgânica em existências futuras.

Com o avanço do conhecimento a respeito destas questões, favorecendo uma predominância da natureza espiritual do homem sobre a natureza animal, o sexo deixará de ser imperiosamente cultivado, em paroxismo de sensualidade. Será plenamente viável, então, o planejamento familiar em bases de controle natural da natalidade, observados os ciclos femininos de fertilidade. Assim, jamais permanecerão inteiramente cerradas as portas da concepção, conscientes os casais de que eventuais *furos*, no esquema planejado, gerando filhos, ocorrerão sob a ação do Plano Espiritual, de acordo com os programas de Deus.

A FORÇA DA INTELIGÊNCIA

Qual, do ponto de vista físico, o caráter distintivo e dominante das raças primitivas?

Desenvolvimento da força bruta, à custa da força intelectual. Agora, dá-se o contrário: o homem faz mais pela inteligência do que pela força do corpo. Todavia, faz cem vezes mais, porque soube tirar proveito das forças da Natureza, o que não conseguem os animais.

Questão 691 (Da Lei de Reprodução).

A característica principal do homem primitivo era o exercício da força bruta, em todas as suas atividades: no empenho de subsistência, na luta contra os animais predadores, na procura de alimentos, na solução de pendências com adversários e até no acasalamento.

Sua limitada capacidade intelectual impunha-lhe sérias dificuldades para enfrentar o meio hostil. A sobrevivência era uma incógnita, a mortalidade altíssima, a população reduzida.

O desenvolvimento da inteligência alterou radicalmente a situação, tornando-o capaz de sobrepor-se a todas as limitações para transformar-se no rei da criação.

Com pleno domínio sobre os seres inferiores e com habilidade crescente para enfrentar problemas relacionados com a vida terrestre, a espécie humana vem crescendo ao longo dos milênios. Uma assombrosa explosão demográfica registra, atualmente, mais de cinco bilhões de habitantes em nosso planeta.

Particularmente as grandes concentrações urbanas, onde vivem hoje milhões de pessoas, seriam inviáveis sem recursos tecnológicos mobilizados pelo cérebro humano.

Como resolver os problemas de abastecimento, iluminação e limpeza? Imaginemos uma cidade como São Paulo sem energia elétrica, sem caminhões de transporte...

Quando observamos as modernas escavadeiras que fazem serviços de terraplenagem, podemos avaliar o valor da inteligência, simplificando as tarefas. Elas fazem o trabalho de dezenas de homens, apenas com um operador, sem sujeira, sem cansaço.

Outro exemplo típico está nas grandes usinas hidroelétricas, onde o imenso potencial de força de um rio é domado e utilizado para movimentar turbinas que geram energia que substitui o esforço físico, oferecendo conforto e facilidades a milhões de pessoas.

Só não vivemos num paraíso terrestre porque ainda há no homem atual uma característica que o aproxima dos habitantes das cavernas: a tendência de resolver seus problemas com o exercício da força. Isso ocorre tanto no plano coletivo como individual.

As tribos primitivas viviam em luta permanente, pretendendo domínio umas sobre outras. Hoje converteram-se em nações e com a mesma ânsia de poder envolvem-se em acirradas disputas, em vários níveis: econômico, ideológico, religioso, racial, levando, não raro, suas pendências para os campos de batalha.

Segundo pesquisa recente, feita pela ONU, há atualmente, no Mundo, perto de 40 conflitos armados, envolvendo nações em luta, numa demonstração evidente de que o Homem ainda não superou a velha tendência de resolver desentendimentos *no braço*, ignorando a função da cabeça.

Mesmo as nações desenvolvidas, que teoricamente deveriam favorecer a paz, já que econômica e socialmente ajustadas, fomentam a guerra, vendendo armas ou intervindo como policiais do Universo em nações menores, sempre que estas contrariam seus interesses, como a União Soviética no Afeganistão, e os Estados Unidos na América Central.

E a pretexto de sustentar a paz essas nações acumulam artefatos atômicos capazes de destruir muitas vezes a Terra, como se ela pudesse equilibrar-se entre as forças da Morte quando, essencialmente, a paz resulta do equilíbrio das forças da Vida, em valores de entendimento e cooperação entre as nações.

No plano individual ocorre o mesmo. As pessoas convivem pacificamente até que sejam contrariadas. Então perdem o controle, favorecendo um curto-circuto mental que as faz descer ao nível dos irracionais. E sucedem-se gritos, ofensas, palavrões, sopapos...

Isso ocorre frequentemente no relacionamento familiar, onde se rompe com maior facilidade o frágil verniz social, o conjunto de normas de comportamento impostas pela vida em sociedade.

Os lares de hoje, por mais modestos, se comparados com os primitivos abrigos em cavernas, são verdadeiros palácios, com recursos outrora inimagináveis, como a televisão, o sistema de água e esgoto, o fogão a gás, o colchão de espuma, a luz elétrica. Entretanto, o comportamento de seus moradores não é muito diferente do troglodita, quando surgem desentendimentos. A agressividade faz-se presente.

Em *O Evangelho segundo o Espiritismo*, no capítulo *Não se pode servir a Deus e a Mamon*, Allan Kardec comenta que o empenho em favor da solução de problemas materiais, com o propósito de melhorar as condições de vida, desenvolve a inteligência do Homem e *essa inteligência que ele concentra, primeiro, na satisfação das necessidades materiais, o ajudará mais tarde a compreender as grandes verdades morais.*

Não obstante a existência de minorias ainda vinculadas aos impulsos primitivos, a população terrestre, que durante milênios tem empregado a inteligência em favor da riqueza e do poder, está atingindo o estágio a que se referiu o Codificador. Somos convocados a *tomar o bonde da História* que, segundo os desígnios do Criador, nos conduzirá a soluções definitivas para os problemas de convivência, tanto no plano coletivo como individual, em bases de legítima e inteligente fraternidade.

Aqueles que perderam a *condução*, por indiferença ou incúria, insistindo em agir como brutos fantasiados de civilidade, lamentarão um dia o tempo perdido e dissabores que poderiam ser evitados.

EXCEÇÃO QUE SE PERPETUA

É lei da Natureza o instinto de conservação?

Sem dúvida. Todos os seres vivos o possuem, qualquer que seja o grau de sua inteligência. Nuns, é puramente maquinal, raciocinado em outros.

Questão 702 (Da Lei de Conservação).

Eu estava no cinema. Casa lotada, perto de mil e quinhentas pessoas, quando houve um princípio de incêndio na cabine de projeção. Instantaneamente instalou-se o pânico. Apavorados, os espectadores buscavam fugir o mais rápido possível, derrubando poltronas, comprimindo-se uns aos outros, agindo irracionalmente, como no estouro de uma boiada. Não fossem as chamas prontamente debeladas e por certo haveria muitas mortes a lamentar.

Em outra oportunidade, menino ainda, pulei alto muro com a ajuda de companheiros, a fim de apanhar nossa bola que caíra no terreno vizinho, sem perceber que ali estava um cachorro. Quando o animal atacou, transpus de retorno o muro sem vacilar, num segundo, como que movido por poderosa mola, e despenquei do outro lado.

Nos dois episódios temos a manifestação do instinto de conservação, um mecanismo de defesa que mobiliza energias inimagináveis em nós, em face do perigo.

Há indivíduos que numa crise de loucura revelam surpreendente força. Ainda que franzinos, exigem o concurso de muitos homens para contê-los. É que, em face de seus desajustes, sentem-se extremamente ameaçados por qualquer pessoa que se aproxime, exacerbando o instinto de conservação.

Diante de perigo real ou imaginário nosso corpo entra imediatamente em estado de alerta, com a descarga de substâncias como a adrenalina na corrente sanguínea, potencializando nossas energias. E a Natureza agindo em favor de nossa sobrevivência. Isso ocorre com todos os seres vivos. As próprias plantas têm complexos mecanismos de defesa, reagindo a ameaças como a seca, o frio, a enchente, os predadores.

Nos irracionais o instinto de conservação funciona equilibradamente, obedecendo a controles automáticos, sem maiores problemas. Superado o perigo, voltam à normalidade.

No ser humano o mecanismo é mais complexo, posto que, exercitando a inteligência, somos chamados a participar desse controle. A dificuldade reside em nosso despreparo. É natural que, em face de uma ameaça o instinto de conservação mobilize defesas, colocando-nos de prontidão, despertos, ativos ao máximo. Entretanto, trata-se de um estado de exceção que deve ser prontamente superado ou nos esgotaremos, favorecendo a evolução de desajustes físicos e psíquicos. Seria como uma máquina colocada a funcionar em velocidade máxima, ininterruptamente. Em pouco tempo necessitaria de reparos.

É o que ocorre numa guerra, onde os combatentes permanecem por longos períodos em estado de alerta, tensos, preocupados e com medo. Regressando ao lar, soldados que viveram tais experiências nem sempre conseguem retornar à normalidade, situando-se neuróticos, alternando agressividade e depressão, adotando, não raro, um comportamento antisocial.

Na atualidade todos nos sentimos mais ou menos ameaçados. Há a violência urbana, os assaltos, os assassinatos; há a turbulência do trânsito; há a inexorável e assustadora progressão do custo de vida; há as limitações do salário que não atende às necessidades de subsistência... O instinto de conservação permanece *a mil por hora*, como se estivéssemos num campo de batalha. E surge o estresse, um esboroamento dos mecanismos de defesa, originando problemas de saúde que jogam mais lenha na fogueira das preocupações humanas.

Inúmeros recursos podem ser mobilizados para mudança desse quadro de angústias: lazeres e viagens de espairecimento; o tranquilizante que desacelera o corpo; a medicação que favorece a recomposição de órgãos afetados, bem como recursos espirituais: o passe magnético, a água fluidificada, a oração, com o que compensamos as perdas determinadas pela tensão.

Tais iniciativas, entretanto, são meramente paliativas.

Fundamental, mesmo, em favor de nosso equilíbrio é que, segundo a expressão popular, *usemos a cabeça*. Se a faculdade de pensar nos liberou dos rígidos controles impostos pela Natureza; se deixamos a condição de passageiros no trânsito da Vida e hoje exercitamos a capacidade de nos conduzirmos, é preciso que nos habilitemos para tanto, evitando *trombadas* com o instinto de conservação, ao qual devemos nos harmonizar ao nível da racionalidade.

A Doutrina Espírita pode nos auxiliar nesse sentido, desde que nos disponhamos a ultrapassar a superficialidade que marca o comportamento de muitos promitentes que a procuram por mero instinto de conservação, como quem busca uma poção milagrosa. Não entendem que o Espiritismo não pode ser encarado como *remédio*. É muito mais uma *receita* de equilíbrio, que jamais entenderemos em toda sua abençoada extensão, enquanto não nos dispusermos ao estudo diligente de seus princípios, habilitando-nos a disciplinar nossos impulsos com o exercício da razão.

OS LIMITES DOS GOZOS

Traçou a Natureza limites aos gozos?

Traçou, para vos indicar o limite do necessário. Mas, pelos vossos excessos, chegais à saciedade e vos punis a vós mesmos.

Que se deve pensar do homem que procura nos excessos de todo género o requinte dos gozos?

Pobre criatura! Mais digna é de lástima que de inveja, pois bem perto está da morte!

Perto da morte física, ou da morte moral?

De ambas.

Questões 713, 714 e 714-a (Da Lei de Conservação).

Associados ao instinto de conservação há dois prazeres básicos: do sexo e da alimentação.

Imaginemos que complicada seria a perpetuação da vida animal se não houvesse prazer na atividade sexual, ou se ingeríssemos alimentos apenas para sustentar o corpo, como quem faz uso de um remédio...

No irracional tais gozos são disciplinados pelo instinto. Ele exercita o sexo somente no cio, e se alimenta observando estritamente suas necessidades.

Com o Homem é diferente. Detendo a coroa da razão, que lhe outorga o livre-arbítrio, ultrapassa os limites do instinto e pode experimentar os prazeres do sexo e da alimentação onde, como e quando queira.

O problema é que, imaturo para uma percepção plena da dimensão eterna da Vida, ele prende-se muito ao imediatismo da existência física, deixando-se levar por instintos antes contidos pela Natureza e que agora lhe compete controlar. Daí os excessos que comete, complicando-lhe o destino.

Há o gastrônomo, que estima a mesa farta, que vive para comer, esquecendo-se de que deve apenas comer para viver. A gula cobra pesado tributo, impondo-lhe fartas gorduras e gerando distúrbios orgânicos que dificultam e abreviam a jornada humana.

Há o sexomaníaco, que enxerga nos representantes de boa aparência do sexo oposto, parceiros em potencial para *programas*, pretendendo desvincular a atividade sexual de seus elementos básicos de equilíbrio, que se exprimem no respeito, no comedimento e, sobretudo, na afetividade. Com semelhante comportamento desajustam os centros genésicos, candidatando-se a graves enfermidades físicas e psíquicas.

Há os que procuram o prazer no lugar errado: os viciados no fumo, que tranquiliza; no álcool, que oferece alguma euforia; no tóxico, que faz o céu artificial. Tais benefícios, entretanto, são insignificantes diante dos males que lhes advém e a respeito dos quais são pródigas as informações médicas. São tantos, tão graves e de consequências tão adversas que é espantoso existirem tantos viciados em nosso mundo.

Montesquieu diz, sabiamente, que correndo atrás do prazer não encontramos senão a dor. E a visão mais objetiva dos desacertos humanos a repercutirem no plano espiritual, que a Doutrina Espírita nos oferece, confirma que o preço em sofrimento a ser pago pelos que vivem em função do prazer é muito alto.

Nas reuniões mediúnicas, de intercâmbio com o Além manifestam-se frequentemente Espíritos atormentados por desequilíbrios e condicionamentos decorrentes da gula, dos desvios sexuais, do fumo, do álcool, do tóxico. Perseguidos por alucinações relacionadas com os excessos cometidos, situam-se por alienados mentais à espera de reencarnações expiatórias.

Consomem para nós o ensejo de exercitar auxílio, com valores de caridade e compaixão, mas representam, também, uma advertência severa para que respeitemos as Leis Divinas.

Intimamente associado à Lei de Conservação, o anseio de prazer estará sempre presente no ser humano. O próprio Freud montou a teoria psicanalítica sobre essa ideia. Imperioso, entretanto, que saibamos procurá-lo com prudência, discernindo até onde devemos ir a fim de não experimentarmos o desprazer de verificar que apenas semeamos a dor.

DESTRUIÇÃO OU RENOVAÇÃO?

É lei da Natureza a destruição?

Preciso é que tudo se destrua para renascer e se regenerar. Porque, o que chamais destruição não passa de uma transformação, que tem por fim a renovação e melhoria dos seres vivos.

Questão 728 (Da Lei de Destruição).

O axioma *Nada se cria, nada se perde, tudo se transforma*, de Lavoisier, ajuda-nos a compreender a Lei de Destruição, que não significa, como sugere o sentido literal, um aniquilamento. Ela impõe uma renovação, atendendo aos objetivos do Criador; um incessante transformismo em favor do aperfeiçoamento dos seres vivos; um vir-a-ser, em diligente e dirigido esforço evolutivo, onde nascimento e morte são apenas duas faces de uma mesma moeda - a Vida.

O dia morre quando chega a noite que, por sua vez,

apenas antecipa novo alvorecer; a primavera sucede o inverno, que voltará em novo ciclo; o próprio mundo em que vivemos teve sua origem há perto de cinco bilhões de anos e desaparecerá passados mais alguns bilhões. Enquanto isso, incontáveis planetas estão surgindo no Cosmos para cumprir idêntica trajetória...

O mesmo ocorre com os seres vivos, vegetais e animais, que nascem, crescem, reproduzem-se e morrem, mas são eternos em essência espiritual que se aprimora incessantemente, a caminho da racionalidade que os promoverá a Espíritos, com uma nova meta pela frente a angelitude.

E na medida em que o Espírito reencarna e desencarna, sucessivamente, em que o corpo físico de que se utiliza é decomposto pela morte, e ele se habilita a usar um novo, no renascimento, em futuro próximo ou remoto (poderá estagiar alguns anos ou muitos séculos na Espiritualidade), irá desenvolvendo suas potencialidades.

Para os Espíritos que compõem a Humanidade, esse dualismo, marcado por múltiplos mergulhos na carne, se faz imperioso, porquanto representa, sobretudo, um agitar de consciência, em renovadas oportunidades de despertamento para as realidades do Universo.

Há indivíduos tão apegados à existência física, às necessidades da carne, aos vícios e ambições da Terra, que acabam por situar-se no que poderíamos definir como impasse evolutivo. Em linguagem popular, *um atolamento na lama*. Não fora a experiência da morte, projetando-os em regiões espirituais tenebrosas, compatíveis com seus desvios, para amargas reflexões, e permaneceriam indefinidamente estacionados em comprometedores enganos.

Por outro lado, há Espíritos desencarnados infelizes e atormentados, perseguidos pelos fantasmas dos crimes e desmandos cometidos na Terra para os quais a reencarnação é a oportunidade abençoada do recomeço.

Poucos têm conhecimento desse processo. Daí muitos temerem a morte, sem entenderem que ela não existe. O que supomos o fim é apenas o limiar da existência em outro plano, o virar da moeda para a outra face. Como a lagarta que se transforma em borboleta, o Espírito deixa o casulo de carne para alçar voo rumo à amplidão.

Constrangemo-nos com a morte do familiar, como se o tivéssemos perdido, chama que se apagou, vida que se extinguiu, sem perceber que ele apenas partiu para uma dimensão diferente, onde o reencontraremos um dia quando, por nossa vez, efetuarmos a grande transição.

Qual o lavrador que muda para novo sítio, transferimos residência para o Plano Espiritual, onde seremos ricos ou pobres, felizes ou infelizes, de conformidade com os frutos cultivados, preparando-nos para novas semeaduras na lavoura da carne, as quais se sucederão, ininterruptamente, em idas e vindas, até atingirmos plena maturação espiritual, habilitando-nos a viver em planos mais altos.

As imposições da Lei de Destruição tendem a amenizar-se na proporção em que o Espírito evolui, integrando-se nos propósitos do Criador, o que lhe proporcionará a possibilidade de permanecer mais tempo na Espiritualidade.

E um dia, não sabemos quando, dentro de alguns milhões de anos talvez, ou em tempo menos longo, dependendo de nosso empenho, seremos anjos. Então não precisaremos mais renascer e remorrer para aprendermos a viver como filhos de Deus.

DESASTRADO DESEMBARQUE

Se a regeneração dos seres faz necessária a destruição porque os cerca a Natureza de meios de preservação e conservação?

A fim de que a destruição não se dê antes do tempo. Toda destruição antecipada obsta ao desenvolvimento do princípio inteligente. Por isso foi que Deus fez que cada ser experimentasse a necessidade de viver e de se reproduzir.

Questão 729 (Da Lei de Destruição).

Nascimento e morte não obedecem a circunstâncias fortuitas. Fazem parte do planejamento divino, no âmbito das experiências necessárias à nossa evolução. Daí ser tão forte o instinto de conservação nos seres vivos, instrumento da Natureza para que sejam aproveitadas integralmente as oportunidades oferecidas pela jornada terrestre.

Não obstante, se por um lado, nos domínios da matéria, o desconhecimento das leis divinas pode favorecer um excessivo apego à existência física - apenas um lado da Vida - há, também, aqueles que, atormentados por problemas variados, alimentam tão forte desejo de fuga que contrariam, simultaneamente, a Lei de Conservação, porque não querem prosseguir vivendo, e a Lei de Destruição, porque pretendem morrer antes do tempo.

As consequências são funestas, porquanto o suicídio, enganosa ilusão de que se pode extinguir a vida, apenas os precipita do outro lado dela, em precárias condições, como as de um homem com fraturas generalizadas após saltar de um trem em movimento.

E se o desastrado passageiro vai enfrentar meses de hospitalização, imobilizado no leito, em sofrida e lenta recuperação, o suicida estagiará por tempo bem mais amplo em regiões purgatoriais, engessado em padecimentos que, segundo informam Espíritos que passaram por semelhante experiência, não encontram similar na Terra, nem mesmo nos piores dramas morais, nem nas mais terríveis privações, nem nas dores mais lancinantes, nem nas mais angustiantes moléstias...

Depois virão as reencarnações retificadoras, em que os desajustes perispirituais desencadeados pela autoagressão no intento da morte, refletir-se-ão na carne, originando limitações e disfunções congênitas, a atuarem como drenagem necessária ao reequilíbrio do perispírito.

Somados, esses estágios retificadores que se desdobrarão na Terra e no Além, podem significar um ou dois séculos de penosas experiências, que lhes reservarão como lição maior a noção de que não se deve atentar contra a própria existência, assim como o viajante acidentado terá largo tempo no hospital para refletir quanto à conveniência de esperar pela estação ferroviária para o desembarque. Lições muito caras, como se vê, e desnecessárias, com lamentável perda de tempo.

Este assunto deve ser abordado com frequência no Centro Espírita; onde em reuniões públicas de assistência espiritual pelo menos vinte por cento dos presentes pensam ou já pensaram no suicídio como solução para seus problemas.

Em visita a enfermos em hospitais encontramos frequentemente pessoas que tentaram se matar. Os motivos geralmente são fúteis: briga com namorado, desentendimento familiar, desemprego... Há até os que alegam simplesmente ter perdido a graça de viver... Certamente modificariam suas disposições se esclarecidos sobre o que espera aqueles que *saltam do trem*.

Suicidas em potencial merecem da Espiritualidade um cuidado especial, no sentido de ajudá-los a enfrentar seus problemas e superar a tentação do desembarque precipitado. Sugerem-lhes opções melhores pelos condutos do pensamento ou conversando com eles durante as horas de sono.

Nem sempre, entretanto, isso é possível, porquanto a partir do momento em que a tentação do suicídio converte-se em ideia fixa o indivíduo fica impermeável ao contato com os benfeitores espirituais. Estes veem-se, então, na contingência de procurar entre familiares, amigos ou colegas de profissão de seu tutelado alguém que, assimilando sua inspiração, atue como intermediário, demovendo-o de seus propósitos.

Raros, entretanto, dispõem-se a estender antenas para captar os apelos do Alto. É fácil imaginar o drama dos amigos espirituais procurando, neste mundo de interesses imediatistas, sob domínio das sensações, alguém capaz de cultivar a reflexão e de ceder aos apelos da fraternidade. Um sorriso amigo, uma palavra gentil, um gesto de camaradagem, operam prodígios num coração atribulado.

Cada suicida que deixa a Terra, frustrando os esforços da Espiritualidade Maior, é alguém que complica o futuro por fugir do presente, mas, é também, um atestado eloquente da indiferença que caracteriza o homem comum, de sensibilidade atrofiada para os apelos do Bem, incapaz de perceber a angústia de seu irmão.

A REVERÊNCIA PELA VIDA

Que se deve pensar da destruição, quando ultrapassa os limites que as necessidades e a segurança traçam?

Da caça, por exemplo, quando não objetiva senão o prazer de destruir sem utilidade?

Predominância da bestialidade sobre a natureza espiritual. Toda destruição que excede os limites da necessidade é uma violação da lei de Deus. Os animais só destroem para satisfação de suas necessidades; enquanto que o homem, dotado de livre-arbítrio, destrói sem necessidade. Terá que prestas contas do abuso da liberdade que lhe foi concedida, mas isso significa que cede aos maus instintos.

Questão 735 (Da Lei de Destruição).

A destruição dos seres vivos, que subentende transformação, pode ocorrer a longo prazo, em processo de envelhecimento, ou abruptamente, num acidente ou em enfermidade fulminante.

Entre os irracionais, espécies alimentam-se de outras espécies, num encadeamento programado para evitar que uma delas cresça demasiado em população, comprometendo o equilíbrio ecológico.

Lamentavelmente, isso tem acontecido justamente pela ação predatória de um animal que, paradoxalmente, tem tudo para preservá-lo, porque é o único que detém a capacidade de pensar e compreender os mecanismos da Vida. Trata-se, obviamente, do Homem, que participa, também, da Lei de Destruição, na medida em que se utiliza dos irracionais em sua alimentação.

Ocorre que o ser humano, inteligência primária, rico de conhecimentos e pobre de sabedoria, inchado de ciência e murcho de amor, sobrepõe seus interesses egoísticos às leis da Natureza, procedendo à destruição muito além do razoável, aliando devastação à crueldade.

Há clubes de tiro que promovem competições sacrificando milhares de pássaros, usados como alvo. Apostadores arriscam seu dinheiro em ruidosas disputas entre dois galos, até que um tombe aleijado ou morto. Touros são sacrificados friamente por matadores fantasiados, em festivas arenas que lembram os sangrentos espetáculos do Circo Romano. Turistas milionários participam de safaris africanos, munidos de rifles de alta precisão, a matar, indiscriminadamente, animais de grande porte, por mera diversão.

Dezenas de espécies foram exterminadas neste século, devido à ação predatória do bicho homem. Centenas estão em perigo, destacando-se a baleia e o elefante, os dois maiores mamíferos que, em futuro próximo, poderão converter-se em peças de museu.

Na região do pantanal matogrossense as autoridades veem-se às voltas com a extinção do jacaré, impiedosamente perseguido por caçadores inescrupulosos, que contrabandeiam seu couro para o exterior.

A ânsia de lucro inspira requintes de perversidade. Há granjeiros que cortam o bico dos galináceos para que aproveitem melhor a ração. As pobres aves são presas em espaços restritos para que engordem mais depressa. A galinha ciclicamente interrompe a postura de ovos. Descobriu-se que se ficar sem comer esse intervalo será abreviado. É o que se faz. Há uma galinha pequena que é ótima poedeira. Nas ninhadas os frangos são separados e sumariamente eliminados, porque não têm valor comercial. No abate de frangos para comercialização há produtores que introduzem um estilete em sua garganta, cortando a veia jugular. A morte é mais lenta e dolorosa, com a ave esvaindo-se em sangue para que sua carne fique mais atraente, sem filetes sanguíneos.

Assim como responderão por suas iniciativas os que matam por prazer, serão responsabilizados perante as leis divinas aqueles que judiam dos irracionais para atender às suas ambições.

Os habitantes de mundos mais evoluídos sabem que é preciso respeitar os seres inferiores e evitam sacrificá-los até mesmo para atender suas necessidades de alimentação, utilizando-se de recursos alternativos.

O mesmo ocorre na Terra com missionários que desenvolvem gloriosas tarefas em favor do progresso moral da criatura humana. Albert Schweitzer, que exemplificou na África as mais belas lições do Cristo, dedicando sua existência aos negros africanos portadores de hanseníase, cultivava um profundo respeito pela Vida. No livro *Minha Vida e Minhas Ideias* diz ele:

Para o homem verdadeiramente ético toda vida é Sagrada, mesmo aquela que, sob o ponto de vista humano, nos parece inferior. Ele só fará distinções de caso para caso e sob a pressão da necessidade, por exemplo quando a situação o forçar a decidir qual a vida a ser sacrificada para conservar uma outra.

Mais adiante:

Se ele está penetrado pela ética da reverência pela vida, ele só prejudica ou destrói outras vidas em caso de necessidade, e não por leviandade. Ele procura desfrutar a felicidade de proteger a vida e afastar dela o sofrimento e a destruição.

Em homens como Schweitzer a reverência pela vida é instintiva, algo que brota espontâneo das profundezas de seus espíritos, sedimentado por milenárias experiências. Não obstante, ela pode ser desenvolvida também a partir de um processo de conscientização.

É o que faz a Doutrina Espírita com o enunciado das Leis Divinas, induzindo-nos a meditar sobre a extensão de nossas responsabilidades no trânsito pelos domínios da Natureza. Conhecemos pescadores e caçadores de fim de semana que, tocados pelos princípios espíritas, cultivam hoje lazeres mais edificantes.

Este é um tema muito bom para cursos de iniciação espírita destinados à criança. É preciso incutir na alma infantil o respeito pela Natureza, em todas suas manifestações, ensinando aos pequenos que é preciso favorecer a Vida e jamais conturbá-la com matanças irresponsáveis.

COMANDO DIVINO

Com que fim fere Deus a Humanidade por meio de flagelos destruidores?

Para fazê-la progredir mais depressa. Já não dissemos ser a destruição uma necessidade para a regeneração moral dos Espíritos, que, em cada nova existência, sobem um degrau na escala do aperfeiçoamento? Preciso é que se veja o objetivo, para que os resultados possam ser apreciados. Somente do vosso ponto de vista pessoal os apreciais; daí vem que os qualificais de flagelos, por efeito do prejuízo que vos causam. Essas subversões, porém, são frequentemente necessárias para que mais pronto se dê o advento de uma melhor ordem de coisas e para que se realize em alguns anos o que teria exigido muitos séculos.

Questão 737 (Da Lei de Destruição).

Há uma ordenação divina no Universo. Deus a tudo prevê e provê, atendendo ás necessidades evolutivas de seus filhos. Nada ocorre por acaso.

Os próprios Espíritos, os seres inteligentes da Criação que povoam o Universo fora do mundo material, segundo a definição expressa na questão 76, de O *Livro dos Espíritos*, participam dessa ordenação num sistema hierárquico determinado exclusivamente pelo merecimento. Quanto mais evoluídos, mais complexas e importantes as suas tarefas.

Espíritos puros e perfeitos são promovidos a prepostos do Criador, com largas responsabilidades que envolvem o progresso de imensas coletividades, orientando-as em experiências compatíveis com suas necessidades evolutivas.

Sabe-se que as manchas solares, detectadas por sofisticado instrumental científico, fruto de explosões atômicas que ocorrem no astro rei, são responsáveis por múltiplos fenômenos climáticos terrestres e não raro promovem flagelos devastadores, como tufões, tempestades, nevascas, secas, enchentes...

Seriam casuais tais ocorrências? Para o materialista, certamente. Mas o religioso, que concebe a onisciência e onipotência de Deus, não pode desenvolver semelhante raciocínio, que equivaleria ao reconhecimento de que a Natureza escapa ao comando divino.

Admitindo, portanto, que o Criador controla os fenômenos naturais, contando com a participação de seus prepostos, podemos conceber que as convulsões solares são programadas por engenheiros siderais em benefício dos planetas que se movem em sua órbita, como um todo, e, em particular, beneficiando as coletividades terrestres, mais diretamente afetadas, já que a Terra é o único planeta do sistema solar que possui vida material.

Os flagelos decorrentes beneficiam fisicamente o planeta, principalmente na renovação de sua atmosfera mas, sobretudo, impõem um agitar das consciências humanas, tanto para aqueles que desencarnam em circunstâncias dolorosas e traumáticas, quanto para os que colhem as consequências da devastação ocasionada. Experiências assim representam a oportunidade de resgate de seus débitos do pretérito, ao mesmo tempo em que fazemos sua iniciação nos domínios da solidariedade. As vítimas das grandes calamidades tornam-se menos envolvidas com as ilusões, mais dispostas a ajudar o semelhante, após sentirem na própria carne a dor que aflige seus irmãos.

A Lei de Destruição funciona, também, para conter os impulsos desajustados da criatura humana. Não é preciso grande esforço de raciocínio para perceber que a AIDS, a síndrome de insuficiência imunológica adquirida, representa uma resposta da Natureza aos abusos cometidos pelo Homem nos domínios do sexo, a partir da decantada liberdade sexual, na década de sessenta.

A AIDS vem impondo ao Homem disciplinas às quais não se submeteria em circunstâncias normais, como um aluno que, embora relutante, decide enfrentar o indesejável aprendizado escolar, porquanto violento temporal o impede de *matar* a aula. O mal terrível e assustador ajudá-lo-á a compreender que é preciso respeitar o sexo, que podemos exercitá-lo com liberdade, desde que não resvalemos para a liberalidade e muito menos para a licenciosidade. Sexo sem compromisso, sem responsabilidade, é mera semeadura de frustrações e comprometimento com o vício, resultando em inevitável colheita de desajustes e sofrimentos.

Talvez a AIDS faça parte de um elenco de medidas renovadoras que preparam a civilização do terceiro milênio. Oportuno recordar que determinados surtos de progresso para a humanidade são marcados por flagelos terríveis que dizimam populações imensas. Exemplo típico foi a Peste Negra, no século XIV, enfermidade mortal provocada por um bacilo que se instalava nos aparelhos digestivo e circulatório, eliminando suas vítimas em poucos dias. Disseminada pelo Oriente e pela Europa, exterminou perto de vinte e cinco milhões de pessoas, em plena Idade Média, um período de obscurantismo, em que a civilização ocidental parecia imersa em trevas.

No entanto, após a Peste Negra floresceu o Renascimento, um abençoado sopro de renovação cultural e artística, como o alvorecer de radioso dia precedido de devastadora tempestade noturna.

MISCIGENAÇÃO CÁRMICA

Como pode dar-se que, no seio da mais adiantada civilização, se encontrem seres às vezes tão cruéis quanto os selvagens?

Do mesmo modo que numa árvore carregada de bons frutos se encontram verdadeiros abortos. São, se quiseres, selvagens que da civilização só têm o exterior, lobos extraviados em meio de cordeiros...

Questão 755 (Da Lei de Destruição).

O desconhecido aborda um casal de namorados em rua de pouco movimento:

– É um assalto! - fala, nervoso, exibindo enorme punhal.

O rapaz, apavorado e inerme, deixa-se revistar explicando não ter dinheiro nenhum.

O assaltante, após constatar que ele diz a verdade, desfere-lhe uma punhalada no abdômem e se afasta sorrindo, a explicar:

-Isso é para você aprender a não andar *desprevenido...*

* * *

Numa delegacia o policial adverte o preso:

– É bom você confessar logo, porquanto minha paciência tem limite.

– Não fui eu!

Vários golpes no rosto o derrubam.

– Não fui eu!

Pontapés distribuem-se pelo seu corpo...

– Pelo amor de Deus! Piedade! Não fui eu!...

A agressão prossegue, violenta, até que o infeliz desmaia.

– Podem levá-lo. Continuaremos amanhã. Esse cretino há de confessar!

Não haveria novo interrogatório. O preso morreu naquela noite, esvaindo-se em sangue.

* * *

Bem cedo o furgão estaciona junto a um supermercado. O motorista afasta-se rapidamente. Passam-se várias horas. Quando maior era a concentração de pessoas que ali vinham efetuar suas compras, uma enorme explosão destrói o edifício, fazendo dezenas de vítimas. O veículo era um carro-bomba recheado de dinamite.

Pouco depois, em comunicado aos jornais, uma organização terrorista assume o atentado. O detalhe horripilante: esperaram o momento em que o supermercado estivesse lotado, a fim de que maior fosse a repercussão!

* * *

Nos três episódios temos manifestações de crueldade, uma das facetas mais lamentáveis do Homem, em total desrespeito pelos direitos humanos, sobretudo aquele que é o fundamental: o direito de viver.

Como justificar semelhante comportamento? Estamos diante de alienados mentais, aparentemente situados na normalidade mas sempre na iminência de devastadoras crises?

Certamente não! Ninguém, em circunstância alguma, nem mesmo em destrambelho mental, adotará comportamento incompatível com sua natureza. A crueldade não é sinônimo de loucura. Apenas revela uma condição evolutiva. Em indivíduos assim o senso moral é incipiente, prevalecendo neles as iniciativas do bruto, sempre disposto a resolver suas pendências pela violência.

O grande problema da atualidade é a concentração de Espíritos assim em meio civilizado, agindo segundo seus horizontes evolutivos. Se lhes faltam recursos de subsistência, tornam-se assaltantes e assassinos impiedosos; se atrelados a cargos policiais fazem-se torturadores frios; se contestadores da ordem social, atuam como terroristas sanguinários, que não vacilam na matança de inocentes. Embora constituam uma minoria, tumultuam, conturbam, espalham sofrimento e confusão, como lobos em meio de ovelhas.

Muitos desses Espíritos estagiam entre nós por imposição de um carma coletivo. Na colonização das Américas os povos primitivos que aqui viviam aos milhões foram explorados e dizimados pelo homem branco. Roubamos seus pertences, suas terras, sua liberdade, suas vidas...

Sem o hábitat natural eles reencarnam entre nós. Inadaptados para as disciplinas da civilização, não vacilam em agredir e matar para atender seus interesses e necessidades. A dificuldade é que todos os recursos mobilizados para contê-los resumem-se em aparatos policiais, impotentes para evitar que esses irmãos menos evoluídos vivam nas cidades como se estivessem na floresta. É preciso muito mais que isso!

Quando todos nós, superando a indiferença que caracteriza o homem comum, compreendermos que viver em sociedade é, sobretudo, participar de iniciativas que visam ao bem estar coletivo, estaremos no caminho certo. Isso pode ser feito em vários níveis - religioso, filantrópico, profissional, cultural, artístico... - favorecendo sempre o desenvolvimento moral daqueles que convivem conosco, com a força irresistível do exemplo.

Conhecemos delegados de polícia vinculados a movimentos religiosos, particularmente os espíritas (porque o Espiritismo nos esclarece melhor a respeito do assunto), que conscientizam seus subordinados de que não é apenas ilegal, mas também imoral e contraproducente descer ao nível da brutalidade para lidar com os presos.

Uma das iniciativas fundamentais nesse sentido é aquela que nos conduz ao encontro daqueles que foram marginalizados pela penúria, ajudando-os com recursos materiais e espirituais, bem como oferecendo-lhes os indispensáveis valores da educação, a fim de que os Espíritos imaturos que há em seu meio, como em toda a sociedade, não se disponham a resolver seus problemas apelando para a violência, a exercitar a crueldade com a mesma naturalidade com que o homem culto e virtuoso exercita a bondade.

A NECESSIDADE DE PARTICIPAR

A vida social está em a Natureza?

Certamente. Deus fez o homem para viver em sociedade. Não lhe deu inutilmente a palavra e todas as outras faculdades necessárias à vida de relação.

Questão 766 (Da Lei de Sociedade).

Emprega-se o substantivo *sociedade* para definir uma condição peculiar.

Magalhães é da sociedade.

Isso significa que ele integra um grupo de pessoas que tem muito dinheiro, propriedades, família tradicional. Nos grandes centros urbanos há um destaque especial para esta minoria bem aquinhoada. Fala-se:

Bastos é da alta sociedade!

O citado substantivo é bem mais generoso do que as limitações impostas por essas esnobações, abrigando em sua extensão todas as pessoas, de todas as classes e níveis que venham a formar um agrupamento humano.

Assim, quando se fala em sociedade paulistana não devemos imaginar uma minoria destacada pelos bens materiais ou pelo nome. Ela compõe-se de todas as pessoas que residem em São Paulo e ali desenvolvem experiências atendendo suas necessidades evolutivas, já que o homem é um ser eminentemente social, criado para conviver com os semelhantes. Os meios de comunicação de que dispõe, pela palavra, foram-lhe outorgados para isso. Seu próprio desenvolvimento moral está subordinado a essa convivência. Como exercitar virtudes - o amor, a tolerância, a bondade, a caridade - sem ir ao encontro das carências do próximo?

Nesse todo que é a sociedade paulistana, há grupos menores em que se relacionam mais diretamente indivíduos que guardam afinidades profissionais, culturais, políticas, religiosas...

Assim, temos as sociedades de médicos, engenheiros, dentistas, assistentes sociais, bancários, metalúrgicos e muitas mais, que costumam organizar-se em associações de classe com finalidades variadas, particularmente reivindicatórias, lutando por melhores condições de trabalho e remuneração.

Nesse universo de funções será possível algum destaque?

Muito mais importante que isso é compreender a necessidade de todos participarmos efetivamente da vida comunitária, integrando-nos em atividades sociais compatíveis com nossas disponibilidades e preferências, seja um clube esportivo, uma entidade de classe, uma associação de cultura, um tempo religioso, um grêmio artístico ou uma casa de caridade, dando o melhor de nós mesmos e contribuindo para que o grupo ao qual nos vinculamos cumpra sua finalidade de forma equilibrada e proveitosa.

Infelizmente muita gente confunde o ato de usufruir, inspirado no velho egoísmo humano, com o de participar, que realmente nos integra na vida social.

O profissional sindicalizado que se limita a dar uma contribuição mensal a um sindicato, sem jamais comparecer às assembleias decisórias, está apenas usufruindo as conquistas da classe, e sua ausência permite que o movimento sindical seja manipulado por minorias radicais que ganham espaço e tumultuam porque a maioria se omite.

O associado de um clube de lazer que usa seus campos de esporte e piscinas, que comparece a festas e bailes sem jamais cogitar de um compromisso, nem mesmo o elementar, que é o de zelar pelo patrimônio da agremiação, cumprindo seus regulamentos, está apenas usufruindo. Os problemas sempre presentes em organizações dessa natureza – depredações, relaxamento da disciplina, comportamento indecoroso – são gerados pelos que usufruem, sem consciência do que é participar.

Da mesma forma, os que procuram auxílio espiritual numa sociedade religiosa, sem considerar a necessidade de engrossar as fileiras de seus colaboradores nos serviços da fraternidade, estão apenas usufruindo, contentando-se com migalhas, quando têm à sua disposição um banquete de espiritualidade.

Em qualquer setor de atividade humana, enquanto estivermos apenas usufruindo jamais colheremos o benefício maior: o enriquecimento de nossa personalidade, com pleno desenvolvimento de nossas potencialidades criadoras. Adiaremos indefinidamente nossa integração plena na sociedade maior - o Universo.

Diz o velho ditado: *Quem acende uma vela é o primeiro a iluminar-se.*

Os que usufruem se perdem, não raro, na escuridão da inércia e da indiferença. Os que participam descobrem caminhos novos, iluminados pelo prazer de servir.

A PRIMEIRA PESSOA DO PLURAL

Há pessoas que, do fato de os animais ao cabo de certo tempo abandonarem suas crias, deduzem não serem os laços de família, entre os homens, mais do que resultado dos costumes sociais e não efeito de uma lei da Natureza. Que devemos pensar a esse respeito?

Diverso dos animais é o destino do homem. Porque, então, quererem identificá-lo com estes? Há no homem alguma coisa mais, além das necessidades físicas; há a necessidade de progredir. Os laços sociais são necessários ao progresso e os de família mais apertados tornam os primeiros. Eis porque os segundos constituem uma lei da Natureza. Quis Deus que, por essa forma, os homens aprendessem a amar-se como irmãos.

Questão 774 (Da Lei de Sociedade).

Em 1932 Aldous Huxley, conhecido escritor inglês, lançava seu mais famoso livro: *O Admirável Mundo Novo*, uma visão pessimista do futuro da Humanidade, em que imaginava uma sociedade onde a família estaria abolida. Isso deveria ocorrer até o final deste século.

Nessa *admirável* loucura a mulher não mais daria à luz. Os filhos nasceriam em incubadeiras altamente sofisticadas, madres artificiais. Ninguém teria pai nem mãe. Seria considerado subversão falar-se do assunto. Exercitar-se-ia o sexo sem compromisso, heterogeneamente. Cada indivíduo cuidaria da própria vida, sem deveres com ninguém a não ser com o Estado.

A partir dos anos cinquenta, com o rompimento de tabus relacionados com o sexo e o advento do amor livre, muita gente imaginou que estivéssemos a caminho de uma sociedade dessa natureza.

No entanto mais de três décadas passaram e, embora o casamento seja muito questionado, a família está longe de extinguir-se e jamais o será, porquanto o acasalamento e a prole, a união entre o homem e a mulher com responsabilidades recíprocas no cuidado dos filhos, é uma instituição divina que se faz sentir nos indivíduos como uma necessidade básica, muito menos subordinada a modismos sociais e muito mais como decorrência dos desígnios de Deus.

A constituição da família obedece a uma lei natural. Com ela habilitamo-nos a desbravar os domínios do Amor, onde residem as aspirações mais ardentes da criatura humana. Referimo-nos não ao exacerbamento do impulso sexual, na paixão avassaladora, mas ao amor de verdade, que é o sentimento profundo de comunhão envolvendo os componentes da célula familiar, cujo exemplo mais eloquente e nobre exprime-se na solicitude materna, como ressalta Coelho Neto na poesia inesquecível:

Ser mãe é desdobrar fibra por fibra
o coração; ser mãe é ter no alheio
lábio que suga o pedestal do seio
onde a Vida, onde o amor, cantando vibra.

Ser mãe é ser um anjo que se libra
sobre um berço dormido, é ser anseio,
é ser temeridade, é ser receio,
é ser força que os males equilibra.

Todo o bem que a mãe goza é bem do filho,
espelho em que se mira afortunada,
luz que lhe põe nos olhos novo brilho.

Ser mãe é andar chorando num sorriso,
ser mãe é ter um mundo e não ter nada,
Ser mãe é padecer num paraíso.

Estes versos exprimem com fidelidade o que é o amor sublime que brota espontâneo na mulher que concebe, luz divina depositada em seu coração, transformando-a em colaboradora do Céu a iluminar os caminhos de filhos de Deus sob seus cuidados.

Por isso a família jamais desaparecerá, sejam quais forem as novidades inventadas pelo homem e as fantasias inspiradas no decantado amor livre, que não passa de mero exercício de sexo irresponsável. Qual a mãe que se sente com liberdade plena de fazer o que lhe aprouver, sem considerar a prole? Amor é compromisso, é dedicação, é esforço, é trabalho em favor do ser amado.

Uma das características marcantes do homem, no estágio evolutivo em que nos encontramos, é o egoísmo, a tendência de pensarmos muito em nós mesmos. No lar damos os primeiros passos a caminho da fraternidade. Na interdependência existente entre os membros da família, envolvendo pais e filhos, marido e mulher, irmãos e irmãs, opera-se um fenômeno prodigioso: aprendemos a conjugar o verbo de nossa ação não mais na primeira pessoa do singular (eu); usamos a primeira do plural (nós).

Temos no lar uma microssociedade onde exercitamos a vocação de conviver e participar. É significativo que pessoas com problemas de relacionamento social, que cometem desatinos, que se revelam incapazes de respeitar o próximo, de sensibilizar-se com os sofrimentos alheios, geralmente vêm de famílias desajustadas, onde escasseavam afetividade, carinho, compreensão, solicitude...

Em mundos mais evoluídos, a família amplia-se além das fronteiras do sangue, abrangendo imensas comunidades, o que é natural: somos todos filhos de Deus.

Na Terra, adiantam-se numa abençoada vanguarda de renovação aqueles que, não obstante o cuidado da família consanguínea, ampliam sua capacidade de amar com o esforço em favor do semelhante. Cuidam de enfermos, auxiliam necessitados, consolam aflitos, vinculam-se a obras assistenciais, integrando-se verdadeiramente na vida social, onde se destacam não pela riqueza ou pela cultura, mas pelo empenho de trabalho em favor do bem comum, exercitando amor como o fazem as mães.

E, como ocorre com as mães, estes abnegados vanguardeiros estagiam, intimamente, no paraíso, ainda que transitando pelos espinhos da Terra.

EREMITAS DO ASFALTO

Procurando a sociedade, não fará o homem mais do que obedecer a um sentimento pessoal, ou há nesse sentimento algum providencial objetivo de ordem mais geral?

O homem tem que progredir. Insulado, não lhe é isso possível, por não dispor de todas as faculdades.

Falta-lhe o contato com os outros homens. No insulamento, ele se embrutece e estiola.

Questão 768 (Da Lei de Sociedade).

No passado muitos buscavam solidão, instalando-se em lugares desertos para fugir às tentações, aos problemas de convivência ou, simplesmente, por misantropia - o horror ao contato humano.

Semelhante comportamento é inteiramente indesejável, já que a estrutura psicológica do ser humano foi programada para o relacionamento social. O insulamento nos desajusta. O eremita tende a desenvolver manias e excentricidades, resvalando, não raro, para a caduquice.

Uma das torturas mais eficientes contra prisioneiros de guerra recalcitrantes consiste em confiná-los em estreitos cubículos, sem nenhum contato humano. Poucos resistem. Após algumas semanas desagrega-se seu psiquismo e fica fácil submetê-los a uma *lavagem cerebral*, extraindo-lhes as informações desejadas ou induzindo-os a comportamento determinado.

A urbanização, o processo de concentração populacional em cidades, tem um grande mérito: gera salutar interdependência. No convívio urbano não damos um passo, não satisfazemos nenhuma necessidade, não desenvolvemos atividade alguma sem mobilizar recursos gerados por outras pessoas. Usamos roupas que não confeccionamos, consumimos alimentos que não produzimos, dispomos de móveis e objetos que não fabricamos, frutos do esforço de muita gente.

A interdependência neutraliza a tendência ao insulamento, estimulando a convivência e o desenvolvimento de nossas potencialidades como seres sociais.

Não se pode afirmar, entretanto, que a misantropia esteja plenamente superada na vida em sociedade, porquanto são numerosos os eremitas urbanos, indivíduos que não se envolvem com os problemas comunitários, orientando suas existências no sentido de edificarem um oásis particular, em pleno deserto das misérias humanas, ignorando multidões que choram, que sofrem privações amargas e dolorosas provações.

Os eremitas do passado refugiavam-se em cavernas exíguas e isoladas, inspirados em sonhos de tranquilidade que sempre terminavam em pesadelos de desequilíbrio.

Os eremitas do presente isolam-se em amplas e confortáveis cavernas, desobrigados até de sonhar, porquanto a televisão o faz por eles, embalando-os num mundo de fantasias diante do qual situam-se estáticos e inúteis. O preço é muito alto: a alienação dos valores mais nobres da existência e, sobretudo, o comprometimento da condição humana, que não pode ser sustentada sem convívio social e o envolvimento com a comunidade. Resultados: depressão, insatisfação, angústia, enfermidade, crônica infelicidade.

Vanguardeiros da medicina psicossomática concebem que a participação na vida comunitária, o empenho por ser útil, a integração em organizações de assistência e promoção humana são fundamentais em favor de nossa saúde física e psíquica. Há muitos médicos receitando aos pacientes um medicamento infalível: a ocupação de seu tempo disponível em favor do semelhante.

Nesse particular é forçoso reformular o conceito de atividade profissional. Para a maioria das pessoas o serviço remunerado é apenas um meio para a satisfação das necessidades de subsistência. No entanto, muito mais que isso, ele é um meio de integração social, de nossa realização como seres humanos, convocados a contribuir em favor do bem-estar da comunidade.

Há uma enorme diferença de competência e dedicação entre o médico que exercita seus conhecimentos para ganhar dinheiro e aquele que faz de sua profissão um sacerdócio em favor da saúde humana. Todos torcemos por encontrar destes exemplares servidores da Medicina.

Da mesma forma, não há nenhuma dúvida na escolha

entre o patrão que vê no seu negócio apenas uma máquina de fazer dinheiro em favor de seu conforto, e aquele que se sente responsável pelo bem-estar de seus funcionános. Ninguém gostaria de trabalhar para o primeiro.

Assim, em qualquer setor de atividade humana, somente nos integraremos realmente na sociedade em que vivemos quando passarmos da misantropia egoística para a filantropia altruística - o cultivo do amor pela Humanidade.

Seguem esse caminho abençoado aqueles que se empenham por ser úteis, buscando ajudar o semelhante em suas necessidades, onde estiverem, conscientes de que serão felizes na medida em que trabalharem pela felicidade alheia.

AJUDA INESTIMÁVEL

A força para progredir, haure-a o homem em si mesmo, ou o progresso é apenas fruto de um ensinamento?

O homem se desenvolve por si mesmo, naturalmente. Mas, nem todos progridem simultaneamente e do mesmo modo. Dá-se então que os mais adiantados auxiliam o progresso dos outros, por meio do contato social.

Questão 779 (Da Lei do Progresso).

Eminentemente perfectível, criado para a perfeição, há no espírito humano indelével inquietação, um anseio incontido de buscar novos horizontes, de superar limitações.

Esse impulso manifesta-se mais intensamente em determinados períodos da existência, particularmente na juventude, ou fica embotado em outros, como na senilidade, mas sempre volta, renovado, vigoroso, no desdobrar das vidas sucessivas.

Cumpre-se nessa eterna procura a Lei do Progresso. É o impulso do Criador estimulando a criatura a seguir adiante, rumo à sua gloriosa destinação.

Nessa jornada longa e laboriosa, conjugam-se dois fatores:

Primeiro: o desenvolvimento de nossas próprias experiências no suceder dos séculos, compulsando os alfarrábios da Vida, aprendendo por iniciativa própria quando nos decidimos ao exercício do dever, ou repetindo lições impostas pela eficiente mestra, a Dor, quando excursionamos por regiões de inconsequência e desatino.

Segundo: a contribuição dos companheítos que seguem à frente. Não temos todos a mesma idade. A geração de Espíritos é infinita. Se há indivíduos mais justos, mais inteligentes, mais virtuosos, é porque são mais velhos espiritualmente. Há os que já viveram um milhão de anos; há *bebês* com dez mil anos. É fácil constatar essa realidade observando que não há compatibilidade entre a idade física e a espiritual. Vemos crianças que se destacam pela sua precocidade, filhos mais ajuizados que seus pais e adultos que parecem não superar nunca um comportamento adolescente.

Na convivência com espíritos evoluídos aprendemos mais depressa, assimilamos melhor o conhecimento relacionado com o nosso aprimoramento moral e intelectual.

Os grandes surtos de desenvolvimento das ideias religiosas e científicas foram marcados pela contribuição de homens geniais, que superaram as limitações de seu tempo. Seria sua genialidade um favor de Deus? Uma graça divina? Semelhante proposição é incompatível com a justiça e nos permitiria questionar os critérios do Criador. Afinal, somos todos seus filhos! Por que o favorecimento de alguns?! É muito mais lógico conceber sua condição de professores que nos visitam para nos ensinar.

Desde o desconhecido que inventou a roda a um Einstein, temos o concurso de Espíritos mais experientes a favorecer o conforto da civilização e o conhecimento dos enigmas do Universo.

O mesmo ocorre com a evolução moral.

Quantos milênios escoariam até que a Humanidade definisse com precisão os fundamentos da justiça, partir da noção elementar de que nossos direitos terminam onde começam os direitos do semelhante, não fora a contribuição de Moisés para que o Céu falasse à Terra no Monte Sinai, enunciando os Dez Mandamentos?

E o Amor, alicerce das realizações mais sublimes... Que eternidade levaríamos para uma iniciação em sem misteres, sem o sacrifício de Jesus, que renunciou aos páramos celestiais para ensinar-nos a conjugá-lo com a força irresistível do exemplo?

Sem o trabalho marcante de Allan Kardec na codificação da Doutrina Espírita, muito mais tempo marcaria o cronômetro dos séculos até que compreendêssemos plenamente a Lei da Reencarnação, que preceitua que as existências na carne sejam repetidas até que nos diplomemos em pureza e sabedoria; a Lei de Causa e Efeito, a estabelecer que na seara das ações todos colhamos de conformidade com a semeadura, aprendendo o que podemos ou não fazer, e a Lei de Sintonia Psíquica, segundo a qual somos envolvidos por forças espirituais que podem nos elevar às alturas ou nos precipitar no abismo, mas sempre de conformidade com o rumo que imprimamos à própria vontade.

Impossível imaginar uma escola sem professores. O simples aprendizado das primeiras letras demandam anos de esforço por parte dos alunos...

Neste imenso educandário que é a Terra, a Bondade Divina não tem negligenciadoo envio de valorosos mestres em benefício de nosso aprendizado.

Dor-se-ia que não obstante tais dádivas a Humanidade ainda é muito atrasada, situando-se distanciada da vivência desses princípios redentores. É que a natureza não dá saltos. A assimilação plena das leis divinas pede o concurso do tempo, até que despertemos para nossas reponsabilidades, habititando-nos a um melhor aproveitamento da jornada humana, acertando o passo com aqueles que seguem à nossa frente.

IMIGRAÇÃO ESPIRITUAL

Mostra-nos a História que muitos povos, depois de abalos que os revolveram profundamente, recaíram na barbaria. Onde, neste caso, o progresso?

Quando tua casa ameaça ruína, mandas demoli-la e constróis outra mais sólida e mais cômoda. Mas, enquanto esta não se apronta, há perturbação e confusão na tua morada.

Compreende mais o seguinte: eras pobre e habitavas um casebre; tornando-te rico, deixaste-o, para habitar um palácio. Então um pobre diabo, como eras antes, vem tomar o lugar que ocupavas e fica muito contente, porque estava sem ter onde se abrigar. Pois bem! aprende que os Espíritos que, encarnados, constituem o povo degenerado não são os que o constituíam ao tempo do seu esplendor. Os de então, tendo-se adiantado, passaram para habitações mais perfeitas e progrediram, enquanto os outros, menos adiantados, tomaram o lugar que ficara vago e que também, a seu turno, terão um dia que deixar.

Questão 786 (Da Lei do Progresso).

Civilizações portentosas do passado atingiram exuberantes estágios de organização social e cultural. Depois feneceram, retraindo-se a níveis inferiores.

Esse fenômeno parece contrariar um princípio fundamental da Doutrina Espírita, segundo o qual não há retrocesso na evolução humana. No entanto, semelhante dúvida é facilmente superada quando levamos em consideração que há movimentos migratórios espirituais, envolvendo a reencarnação.

Legiões de Espíritos intelectualizados podem fixar-se em determinado país, favorecendo-o com surpreendente surto de progresso, compondo uma glande civilização ao longo de sucessivas experiências na carne, de conformidade com os desígnios divinos.

Cumprido esse estágio, mudam de residência, seguindo novos caminhos, e o espaço que ocupavam é preenchido por Espíritos menos evoluídos, que não conseguem sustentar as conquistas alcançadas. Então o nível começa a baixar, como numa luxuosa e confortável residência que, abandonada por seus proprietários, fosse habitada por indígenas.

Segundo informa Emmanuel, no livro *A Caminho da Luz*, psicografia de Francisco Cândido Xavier, há cerca de dez mil anos um planeta do sistema de Capela, situado na Constelação de Cocheiro, passava por decisivas reformas, consolidando importantes conquistas morais. Diríamos que se efetuava ali a transição anunciada para o próximo milênio na Terra: de *Mundo de Expiação e Provas*, onde impera o egoísmo, para *Mundo de Regeneração*, onde consciências despertas trabalham incessantemente em favor da própria renovação.

No entanto, uma minoria agressiva, recalcitrante no mal, barulhenta na defesa de suas ambições, ainda que requintada intelectualmente, retardava a esperada promoção.

Decidiram, então, os gênios tutelares que governam aquele orbe confiná-los em planeta primitivo,onde estariam submetidos a limitações e dificuldades que atuariam como elementos desbastadores de sua rebeldia.

A escolha recaiu sobre a Terra, cujos habitantes praticamente engatinhavam nos domínios do raciocinio, e que de pronto beneficiaram-se com a encarnação dos capelinos. Inteligentes, dotados de iniciativa e capacidade de organização, dispararam um notável surto de progresso. No curto espaço de alguns séculos a Humanidade aprendeu a cultivar a terra, concentrou-se em cidades, aprimorou a escrita, inventou os utensílios de metal, domesticou os animais...

A presença dos capelinos explica o espantoso *salto evolutivo* que ocorreu naquele período, chamado neolítico, que ainda hoje inspira perplexidade aos antropólogos.

Concentrando-se em grupos distintos, explica Emanuel, eles formaram quatro grandes culturas: egípcia, hindu, israelense e européia, que se destacaram por extraordinárias realizações.

É interessante salientar que nos princípios religiosos desses povos há a referência à sua condição de degredados, particularmente nas tradições bíblicas do paraíso perdido.

Depurados após milênios de duras experiências, os capelinos regressaram ao planeta de origem. Com a nova migração, as civilizações que edificaram perderam consistência, sucedidas por culturas menores, filhas do homem terrestre.

Informações da espiritualidade nos dão conta de que estamos às vésperas de dois novos surtos migratórios em nosso planeta.

O primeiro, marcado pela encarnação de Espíritos altamente evoluídos, que pontificarão em todos os campos do conhecimento, num grandioso renascimento moral e espiritual da Humanidade. Virão de esferas mais altas, preparando a promoção da Terra para Mundo de Regeneração.

O segundo será constituído por milhões de Espíritos acomodados, comprometidos com o mal, que se recusam sistematicamente ao esforço por ajustarem-se às Leis Divinas, semelhante à minoria barulhenta de Capela. Confinados em mundo primitivo, também aprenderão, à custa de muitas lágrimas, a respeitar os valores da Vida, superando seus impulsos inferiores.

Teremos, então, a decantada Civilização do Terceiro Milênio, edificada sob inspiração dos princípios redentores do Cristo, nosso governador espiritual.

A *senha* que nos habilitará a permanecer naTerra nesse futuro promissor está definida na terceira promessa de *O Sermão da Montanha*: *Bem-aventurados os mansos, porque herdarão a Terra.*

A mansuetude, característica do indivíduo que cumpre a lei, que observa a ordem, que respeita o semelhante, que superou o individualismo e venceu a si mesmo, superando a agressividade, será o emblema do homem terrestre nesse sonhado Reino de Deus.

O FENÔMENO E A CRENÇA

Visto que o Espiritismo tem que marcar um progresso da Humanidade, por que não apressam os Espíritos esse progresso, por meio de manifestações tão generalizadas e patentes, que a convicção penetre até nos mais incrédulos?

Desejaríeis milagres; mas, Deus os espalha a mancheias diante dos vossos passos e, no entanto, ainda há homens que o negam. Conseguiu, porventura, o próprio Cristo convencer os seus contemporâneos, mediante os prodígios que operou? Não conheceis presentemente alguns que negam os fatos mais patentes, ocorridos às suas vistas? Não há os que dizem que não acreditariam, mesmo que vissem? Não; não é por meio de prodígios que Deus quer encaminhar os homens. Em sua bondade, ele lhes deixa o mérito de se convencerem pela razão.

Questão 802 (Da Lei do Progresso).

Muitos religiosos perguntam por que Deus não evidencia sua existência com prodígios que convençam os incrédulos irredutíveis e os materialistas impenitentes.

Será que adiantaria?

Ninguém melhor do que Jesus atestou a misericordiosa presença divina no Universo. A par de seus ensinos, que enunciam celeste legislação em favor da felicidade humana, o Mestre demonstrava que com um mínimo de fé autêntica nos poderes do Criador podemos realizar prodígios. E ele próprio o fazia, transformando a água em vinho, acalmando tempestades, multiplicando pães, caminhando sobre as águas...

Não obstante, foi crucificado como simples criminoso e a multidão, que o reverenciara na véspera como embaixador do Céu, festejou sua morte cercando a cruz de injúrias.

Os próprios discípulos, que conviveram longamente com ele, que lhe conheciam sobejamente a grandeza espiritual, recusaram-se ao testemunho. Apavorados, fugiram precipitadamente, sem compreender o significado daquela hora, em que Jesus, que podia mobilizar as milícias celestes em seu favor ou alterar o rumo dos acontecimentos com seus poderes, preferiu entregar-se inerme aos seus algozes para iluminar a escuridão terrestre com as luzes abençoadas do sacrifício, do perdão e da confiança em Deus.

Algo semelhante tem ocorrido com o Espiritismo, desde seus primórdios. Médiuns dotados de prodigiosas faculdades, como Eusápia Paladino, Daniel Dunglas Home, Senhora Piper, Peixotinho, Ana Prado, Madame d'Esperance, Mirabelli e Florence Cook, maravilharam multidões com espetaculares fenômenos de efeitos físicos. Raros apreciadores, entretanto, ultrapassaram os estreitos limites da empolgação. Críticos não faltaram, nem contestadores ferinos que colocaram em dúvida a própria integridade moral desses sensitivos. Se pudessem, extremistas os teriam eliminado sumariamente, como ocorreu com frequência na Idade Média, quando a *piedade* religiosa encaminhava os médiuns à fogueira, queimando seus corpos a pretexto de salvar suas almas.

Ainda que aceitos sem controvérsia, os fenômenos de efeitos físicos semelham-se a fogos de artifício. Maravilham, mas passam e caem no esquecimento, sem formarem elementos de convicção e, o que é pior, sem nenhuma repercussão em seu comportamento.

É ilustrativa a parábola do rico e de Lázaro (Lucas, 16:19 a 31). Conta Jesus que ao morrer, um homem rico, comprometido com os interesses do Mundo, vai parar em região de sofrimentos. Lázaro, um doente que viveu de migalhas mendigadas, habilitou-se a uma morada celeste. Dialogando com Abraão, venerando patriarca judeu, o rico pede-lhe que envie Lázaro à sua casa para alertar seus irmãos, a fim de que não incorram em idênticos enganos. A resposta é incisiva:

– Eles têm Moisés e os Profetas; que os ouçam!

– Não, pai Abraão; se alguém dentre os mortos for ter com eles, hão de arrepender-se!

– Se não ouvem a Moisés e aos Profetas, tão pouco acreditarão, mesmo que alguém se levantasse dentre os mortos!

Muito mais que mera empolgação dos sentidos diante de fenômenos espetaculosos como a materialização de

Espíritos, a crença legítima resulta de exercícios do coração. Começamos a sentir a presença de Deus em nossas vidas quando deixamos os acanhados domínios do egoísmo e buscamos os campos férteis da fraternidade. Isso é natural. Se Deus é Amor, como encontrá-lo sem aprender a amar, conjugando o verbo servir?

O fortalecimento do movimento inicial do Cristianismo não decorreu de prodígios. O que houve foi a maturação espiritual dos discípulos, iniciada quando, convocados por Jesus, decidiram-se ao serviço em favor do semelhante, com a instalação da Casa do Caminho, em Jerusalém, que atendia a sofredores de todos os matizes.

Criaram-se, então, as condições ideais para que aqueles desbravadores entendessem e vivenciassem plenamente a mensagem do Cristo, desenvolvendo a força moral que lhes permitiria oferecer os mais gloriosos testemunhos de fidelidade às suas convicções, enfrentando com serenidade as perseguições e a própria morte, o que não ocorrera outrora, quando compunham o grupo do *oba-oba*, do pessoal que aplaudia os prodígios operados por Jesus, sem cogitar de suas lições.

Também no movimento espírita há um deslumbramento inicial com os fenômenos mediúnicos. No entanto, transformam-se em espíritas autênticos somente aqueles que empenham suas vidas ao esforço da fraternidade, fazendo do serviço ao semelhante a grande ponte para uma comunhão autêntica com a Espiritualidade, no pleno entendimento dos objetivos da atividade religiosa, conforme destaca o apóstolo Tiago em sua epístola (capítulo I, versículo 27), sugerindo que religião pura e sem mácula, capaz de nos manter incontaminados dos males do mundo, é a prática do Bem.

Tratando-se de nosso encontro com os valores espirituais da existência e, mais especificamente, de nosso encontro com Deus, será ocioso esperarmos por prodigios. Melhor que o busquemos na intimidade de nossos corações, no empenho por nos ajustarmos às suas leis, depurando-nos de sentimentos inferiores que nos inibem para o esforço do Bem, conforme exprime admiravelmente Rubens Costa Romanelli, em *O Primado do Espírito*:

Senhor,
inundas-me no esplendor de tua luz
e, contudo, cego, não Te vejo.
Falas-me na eloquência de teu verbo
e, no entanto, surdo, não Te ouço.
Abrasas-me na ardência de teu amor
e, todavia, insensível, não Te sinto.
Oh! estranha contradição!
Tu, bem perto de mim,
e eu, tão longe de Ti!
Desvela-me, Senhor, os olhos, cegos de orgulho;
abre-me os ouvidos, surdos de vaidade,
e sensibiliza-me o coração, duro de maldade,
para que eu descubra tua divina presença
na intimidade de meu ser!

PRIMITIVISMO OU SUBNUTRIÇÃO?

Perante Deus, são iguais todos os homens?

Sim, todos tendem para o mesmo fim e Deus fez suas leis para todos. Dizeis frequentemente: 0 Sol luz para todos e enunciais assim uma verdade maior e mais geral do que pensais.

Questão 803 (Da Lei de Igualdade).

Partindo do princípio de que Deus é a equidade pefeita, a justiça sem mácula, é evidente que considera iguais todos os homens. Fomos criados para um mesmo fim: a Perfeição. Mais cedo ou mais tarde lá chegaremos, quer queiramos ou não, porquanto essa é a vontade do Criador, que não falha jamais em seus objetivos.

Dentro de milhares ou milhões de anos - espaço de tempo vasto para os padrões humanos, mas insignificante diante da Eternidade - teremos desenvolvido plenamente nossas potencialidades criadoras, ajustando-nos adequadamente às Leis Divinas. Seremos, então, prepostos do Senhor, co-partícipes na obra da Criação, e embora as limitações do relativo diante do Absoluto, da criatura diante do Criador, seremos deuses, segundo expressão do salmista, citada por Jesus (João, 10;34).

Nessa longa jornada rumo aos objetivos finais de nossa existência, não partimos todos ao mesmo tempo. Há, por isso, Espíritos em variadas faixas de evolução. Natural, portanto, que os encontremos na Terra, encarnados ou desencarnados, revelando profunda diversificação de entendimento, compreensão, inteligência, vocação, moralidade.

O assunto exige cuidado para não incorremos no engano de avaliar a condição evolutiva do indivíduo pela posição que ocupa na sociedade.

Há Espíritos altamente cultos e intelectualizados que surgem na Terra em situação de penúria, experimentando limitações que os ajudarão a vencer sentimentos inferiores de ambição, orgulho, vaidade...

Por outro lado, há Espíritos de mediana evolução que, por força de experiências necessárias ao seu aprendizado, reencarnam no seio de classes abastadas, onde terão amplas facilidades de aprendizado e ação no meio social, detendo valiosos patrimônios materiais.

Encontramos nas camadas mais pobres uma incidência significativa de indivíduos sem iniciativa, inspirando-nos a impressão de que, nesse vasto segmento da população, em países subdesenvolvidos, localizam-se Espíritos primitivos... Visitadores de organizações assistenciais defrontam-se, frequentemente, com famílias que parecem absolutamente incapazes de melhorar sua condição social, ainda que orientadas, ajudadas e estimuladas.

São Espíritos primitivos ou estamos diante de problemas decorrentes da própria situação em que se encontram? Até que ponto o Espírito de mediana evolução conseguiria superar condicionamentos psicológicos e culturais impostos pela pobreza?

Consideremos outro fator importante: a nutrição. Sabe-se que durante a gestação e nos primeiros anos de vida é de fundamental importância que a criança uma alimentação sadia, enriquecida principalmente por proteínas, a fim de que sua estrutura orgânica e, particularmente, suas células cerebrais, tenham um desenvolvimento adequado. Caso contrário, poderá sofrer danos irreparáveis, tornando-se apática, sem iniciativa, com dificuldade de raciocínio e atenção. Salvo em circunstâncias especiais, envolvendo Espíritos altamente evoluídos, as leis biológicas não serão contrariadas.

Recordamos o clássico exemplo do exímio violinista, usando instrumento defeituoso. Por mais se esforce, não conseguirá emprestar brilho à execução. Da mesma forma, Espíritos reencarnados de razoável desenvolvimento mental e intelectual terão imensas dificuldades em exercitar suas potencialidades, se houverem sorrido carências nutritivas nos primeiros anos de vida.

O renascimento em lares extremamente pobres pode ocorrer por uma questão de disponibilidade. A falta de portas melhores para o retorno à carne, Espíritos prementemente necessitados da experiência física reencarnam em lares paupérrimos, onde as portas jamais se fecham.

Mas, se a Providência faculta essa possibilidade, não é pela vontade de Deus que o indivíduo seja subnutrido, faminto, miserável... A Vida é dádiva do Criador; a condição de vida é obra da criatura. O Homem é responsável pela existência de pessoas que morrem de fome, de crianças condenadas a um futuro problemático em face da subnutrição. Semelhantes limitações não podem ser debitadas a inamovíveis desígnios divinos - nenhum pai deseja isso para seu filho - mas à omissão de uma sociedade regida pelo egoísmo, onde cada um cuida de si e *o resto que se dane.*

A compreensão de que somos todos iguais perante Deus implica na responsabilidade de oferecermos idênticas oportunidades aos Espíritos que reencarnam, não à custa de simples medidas governamentais, sempre omissas e limitadas, nem de revoluções armadas, que repetem velhos enganos e fomentam eternas ambições, perpetuando injustiças e desigualdades, mas por iniciativa da própria sociedade, daqueles que, em situação melhor, se disponham a ajudar seus irmãos.

Imaginemos que prodígios de promoção humana, de recuperação da pobreza operaríamos com a simples mobilização das classes sociais mais bem aquinhoadas, a procurar os lares humildes para oferecer aos Espíritos que ali iniciam sua romagem terrena condições para um desenvolvimento físico e mental sadio!

Aos que supõem que semelhante esforço é mera utopia, recordamos que Jesus não foi um visionário empolgado por sonhos irrealizáveis.

Ao empenhar seu apostolado no esforço em favor dos humildes, deixou bem claro que verdadeira utopia é pretender que o Reino de Deus se estabeleça no Mundo por decreto divino, sem adesão da criatura humana aos princípios de solidariedade e fraternidade que o fundamentam.

MOBILIZAÇÃO

Há pessoas que, por culpa sua, caem na miséria. Nenhuma responsabilidade caberá disso à sociedade?

Mas, certamente. Já dissemos que a sociedade é muitas vezes a principal culpada de semelhante coisa. Demais, não tem ela que velar pela educação moral dos seus membros? Quase sempre, é a má educação que lhes falseia o critério, ao invés de sufocar-lhes as tendências perniciosas.

Questão 813 (Da Lei de Igualdade).

A ideia do determinismo, o *maktub* (estava escrito), da filosofia oriental, está profundamente arraigada no espírito religioso. Não são poucos os profitentes a conceberem que Deus sabe o que faz, e se há miséria, infelicidade e sofrimento no Mundo, é porque deve ser assim.

Os espíritas nem sempre fazem melhor. O princípio da Reencarnação inspira a muitos companheiros a impressão de que, se estamos todos resgatando dívidas cármicas e se cada indivíduo se movimenta em faixa evolutiva própria, com suas tendências e necessidades, não será lícito pretender grandes mudanças, o que, hipoteticamente, somente ocorrerá quando a Terra for promovida na sociedade dos mundos, deixando a condição de planeta de expiação e provas.

Isto equivale a dizer que os males do Mundo são obra de Deus, o que está fundamentalmente errado. Eles são produzidos pelo Homem, que, com suas ambições, sua incúria, seus preconceitos, gera os desníveis sociais, as crises econômicas, as guerras destruidoras, a crônica infelicidade.

Quando Jesus proclama que não cai uma folha da árvore sem que seja pela vontade de Deus, isto não significa que Deus derrube as folhas. O Criador sustenta a vida, que se perpetua no transformismo incessante da Natureza, segundo as leis por Ele instituídas.

Da mesma forma, Deus não gera os males humanos, mas permite que aconteçam para que o Homem aprenda, com a força de suas experiências, o que é melhor para ele, no incessante transformismo da moral em evolução, igualmente orientada por leis divinas.

Imperioso, portanto, superar a atitude contemplativa ou de indiferença que marca o comportamento humano. É preciso mobilizar os homens pela palavra e pelo exemplo, demonstrando ser indispensável estabelecer elos de solidariedade entre os componentes da sociedade, a fim de que possamos, efetivamente, superar as misérias da Terra.

Não se trata, simplesmente, de beneficiar o semelhante, mas, essencialmente, a nós mesmos com esse empenho. Se moramos no campo e observamos o mato crescer em torno de nossa casa, invadindo a lavoura, podemos dizer: *O mato cresce pela vontade de Deus.* No entanto, se nos acomodarmos, embalados por essa convicção, o mato continuará a crescer, sufocará a plantação, favorecerá o aparecimento de répteis e insetos nocivos. Viveremos miseravelmente, com ameaças à própria integridade física. O que diremos depois? *Foi a vontade de Deus?*

Os bolsões de miséria crescem em toda parte, como mato insidioso, gerado por injustiças sociais. Dali sai a grande maioria dos crimes, dos roubos, dos assassinatos, das prostituições, males que assolam a sociedade. Imperioso derrubar esse matagal, ajudando de forma efetiva aqueles que enfrentam problemas dessa natureza, a fim de que não sejam tentados pela tendência humana de resolvê-los na marginalidade criminosa.

Fala-se muito em mudanças nas estruturas sociais. Há revoluções, sucedem-se os regimes e sistemas - comunismo, socialismo, parlamentarismo, fascismo, presidencialismo, monarquismo, totalitarismo, capitalismo, - enquanto se perpetuam a miséria e o infortúnio. No entanto, qualquer *ísmo* funcionaria bem, resolveria os problemas sociais, se conseguíssemos eliminar um outro *ismo*, presente em todos eles: o egoísmo, o culto a própria personalidade.

A vida em sociedade implica em responsabilidades, a começar pela mais elementar: trabalhar pelo bem comum, ideal inatingível enquanto considerável parcela da sociedade estiver marginalizada pela enfermidade, pela penúria, por problemas de comportamento.

Há dois mil anos o Cristo deixou na Terra os fundamentos do Reino de Deus. Outros tantos milênios poderão passar sem que seja edificado, se não desenvolver-mos o espirito de serviço no campo da Fraternidade, ensaiando desprendimento e boa vontade.

Em todas as cidades há grupos de trabalho de variadas denominações religiosas, despertos para semelhante realidade, cujos membros estão tentando viver a mensagcm de Jesus, participando de organizações de assistência e promoção humanas, motivados por sagrado idealismo.

Se esses poucos abnegados produzem tanto, imaginemos que prodígios seriam feitos, se houvesse uma ampla mobilização de todos os segmentos da população em condições de participar!

Um dia todos compreenderemos que a Vida vem de Deus, mas a qualidade de vida vem do Homem.

O Cristo mostra-nos o caminho, mas não pode caminhar por nós. Oferecendo-nos orientação e exemplo, o Mestre deixou bem claro que o serviço da redenção humana, de erradicação do Mal, da miséria, do infortúnio, é trabalho impostergável de todos os homens.

O HOMEM E A MULHER

São iguais perante Deus o homem e a mulher e têm os mesmos direitos?

Não outorgou Deus a ambos a inteligência do bem e do mal e a faculdade de progredir?

Questão 817 (Da Lei de Igualdade).

Conservem-se as mulheres caladas nas igrejas, porque não lhes é permitido falar; mas estejam submissas como também a lei o determina. Se, porém, querem aprender alguma cousa, interroguem, em casa, a seus próprios maridos, porque para a mulher é vergonhoso falar nas igrejas.

Estas preconceituosas recomendações, que reduzem a mulher a mera ouvinte nas atividades religiosas, surpreendentemente foram feitas pelo apóstolo Paulo, em sua Primeira Epístola aos Coríntios (capítulo 13, versículos 34 e 35). Não obstante sua inteligência e lucidez, o grande arauto do Cristianismo não conseguiu superar as limitações de seu tempo em relação à mulher, considerada então um ser inferior, mera serva do homem, que podia, dentre outras prerrogativas, dispensá-la como esposa, se não a desejasse mais, obrigá-la a coabitar com concubinas ou mandá-la apedrejar se suspeitasse de sua fidelidade.

Ela era marginalizada até mesmo em razão de suas funções biológicas. A menstruação a tornava impura. O mesmo ocorria no nascimento de filhos, obrigando-a a severas disciplinas e a indispensáveis rituais de purificação.

Nem mesmo a gloriosa mensagem do Cristo, combatendo todos os preconceitos, foi suficiente para libertar a mulher de discriminações que perduraram até o início deste século.

Em 1857, quando foi lançado O *Livro dos Espíritos*, era inconcebível qualquer pretensão de igualdade entre os sexos. Estavam por ser articulados os movimentos feministas que garantiriam à mulher o direito de votar, de exercer profissão liberal, de gerir seus próprios negócios, de exercitar o livre-arbítrio. Nesta como em muitas outras questões, a Doutrina Espírita situava-se numa vanguarda de ideias renovadoras em favor de uma sociedade mais justa.

Nem poderia ser diferente, partindo do princípio doutrinário segundo o qual o Espírito não tem sexo. Tanto pode encarnar em corpo masculino ou feminino. Iguais quanto à origem e destinação, inteligentes e perfectíveis, o homem e a mulher devem exercitar direitos idênticos.

Estão distantes os tempos em que *filósofos* discutiam se a mulher tem alma e somente em sociedades primitivas pode persistir a concepção de que ela é inferior ao homem.

Contribuíram para essa desejada igualdade os imperativos da sociedade atual, em que a mulher é convocada a exercer uma atividade profissional, não simplesmente por uma necessidade de autoafirmação, mas, sobretudo, em decorrência de um problema econômico, a fim de auxiliar na formação de renda que atenda às necessidades de subsistência da família. Raros os lares que podem dispensar tal iniciativa.

Há quem afirme que a liberação feminina, longe de representar um progresso, transformou-se em instrumento de conturbação da sociedade, favorecendo o aumento da infidelidade conjugal, o negligenciamento dos filhos e a dissolução da família.

Apesar do caráter machista que acompanha críticas dessa natureza, forçoso reconhecer que o processo de liberação da mulher não se faz de forma pacífica, gerando dificuldades no relacionamento familiar e inspirando perturbadoras iniciativas na alma feminina.

Muitos lares estão em crise porque a mulher não admite ser contestada em sua disposição de fazer o que julga conveniente, em favor de sua autorrealização, não vacilando em partir para a separação se encontra resistência no cônjuge.

Semelhantes problemas são passageiros, situando-se como tremores de superfície que acompanham modificações nas profundezas, e serão superados na medida em que a Humanidade assimilar plenamente um princípio fundamental, enunciado na questão número 822-a, de O *Livro dos Espíritos*, quando Kardec interroga se uma legislação perfeitamente justa deve consagrar a igualdade de direitos entre o homem e a mulher. Respondem os Mentores:

Dos direitos, sim; das funções, não. Preciso é que cada um esteja no lugar que lhe compete...

Pretender absoluta igualdade envolvendo as funções é contrariar a própria biologia. O homem foi estruturado para o trabalho mais pesado, no esforço da subsistência familiar; a mulher é convocada às responsabilidades do lar, particularmente no cuidado dos filhos.

O progresso moral iguala ambos quanto aos direitos.

O progresso material os aproxima no desempenho de funções, na medida em que o trabalho se torna menos pesado na atividade profissional e mais prático no lar, com as conquistas da tecnologia. Ambos podem dividir parte de suas atribuições.

No entanto, é preciso reconhecer que à mulher está afeta a mais sublime missão, o mais elevado ideal, a tarefa redentora por excelência: a preparação do ser humano para a Vida. Edificaremos um mundo melhor na medida em que a criança for convenientemente orientada. Eesse serviço, por mais o neguem as feministas intransigentes, compete muito mais à mulher. Ela é a preceptora por excelência, a educadora mais eficiente. A maternidade é, talvez, a mais sacrificial e árdua de todas as missões, mas, se exercitada em plenitude é, também, a mais gloriosa de todas as realizações humanas.

Não pretendemos a reinstituição das Amélias, o retorno da mulher à condição de escrava do lar. Ela tem o direito e, mais que isso, a necessidade de desenvolver atividades na comunidade. Mas é preciso reconhecer que acima dos sucessos no campo social e profissional, está a suprema realização feminina como esposa e mãe, sustentando o lar, que é reconhecidamente a célula básica da civilização.

Evocando as funções redentoras da alma feminina, Victor Hugo tece significativas comparações entre o homem e a mulher:

O homem é a mais elevada das criaturas. A mulher o mais sublime dos ideais. Deus fez para o homem um trono; para a mulher um altar. O trono exalta; o altar santifica.

O homem é o cérebro; a mulher o coração. O cérebro produz a luz; o coração o amor. A luz fecunda. O amor ressuscita.

O homem é um gênio; a mulher um anjo. O gênio é imensurável; o anjo indefinível. A aspiração do homem é a suprema glória; a aspiração da mulher a virtude extrema. A glória traduz grandeza; a virtude traduz divindade.

O homem tem a supremacia; a mulher a preferência. A supremacia representa a força; a preferência o direito. O homem é forte pela razão; a mulher é invencível pela lágrima. A razão convence, a lágrima comove.

O homem é capaz de todos os heroísmos; a mulher de todos os martírios. O heroísmo enobrece; o martírio sublima. O homem é o código; a mulher o evangelho. O código corrige; o evangelho aperfeiçoa. O homem é um templo; a mulher um sacrário. Ante o templo, nós nos descobrimos; ante o sacrário, ajoelhamo-nos.

O homem pensa; a mulher sonha. Pensar é ter cérebro; sonhar é ter na fronte uma auréola. O homem é um oceano; a mulher um lago. O oceano tem a pérola que o embeleza; o lago tem a poesia que o deslumbra. O homem é uma águia que voa; a mulher um rouxinol que canta. Voar é dominar os espaços; cantar é conquistar a alma. O homem tem um farol: a consciência. A mulher tem uma estrela: a esperança. O fanal guia e a esperança salva.

Enfim, o homem está colocado onde termina a Terra. A mulher onde começa o Céu.

OS LIMITES DA LIBERDADE

Em que condições poderia o homem gozar de absoluta liberdade?

Nas do eremita no deserto. Desde que juntos estejam dois homens, há entre eles diretos recíprocos que lhes cumpre respeitar; não mais, portanto, qualquer deles goza de liberdade absoluta.

Questão 826 (Da Lei de Liberdade).

Um náufrago vem ter a uma ilha deserta. Constrói tosca habitação e ali se instala. Sua liberdade é plena. Movimenta-se à vontade. Faz e desfaz, conforme lhe parece conveniente, senhor absoluto daquela porção de terra.

Passados alguns meses surge outro náufrago. A situação modifica-se. O primeiro experimenta limitações. A não ser que se disponha a eliminar o recém-chegado, descendo à barbárie, forçoso será reconhecer que seu direito de dispor da ilha esbarrará no direito do companheiro em garantir a própria sobrevivência. Terão, pois, que dividir os recursos existentes - água potável, animais, peixes, vegetais e o próprio espaço físico, se viverem em habitações separadas. Pela mesma razão sua liberdade restringir-se-á, na medida em que outros náufragos apareçam.

Algo semelhante ocorre na vida comunitária, onde nossa liberdade é relativa, porquanto deve ser conciliada com a liberdade dos concidadãos, considerando que o limite de nosso direito é o direito do próximo. A inobservância desse princípio fundamental gera, invariavelmente, a desordem e a intranquilidade. As implicações dessa equivalência de direitos são extensas. Fácil enunciar alguns exemplos:

Não nos é lícito, na vida comunitária, dar livre expansão a impulsos como o de transitar de automóvel pelas ruas à velocidade de cem quilômetros horários; a ninguém é permitido, em logradouro público, postar-se nu, nem ali despejar lixo ou satisfazer determinadas necessidades fisiológicas.

A liberdade de movimentação é restrita. Vedado nos é invadir uma propriedade alheia ou recintos de diversão como cinema ou teatro. Mister sejamos convidados ou nos disponhamos a pagar o ingresso.

Impedidos estamos até mesmo de permanecer na inércia se fisicamente aptos, porquanto não nos pertencem os bens comunitários. Alimentos, abrigo, roupas, indispensáveis ao nosso bem-estar e à própria subsistência, pertencem àqueles que os produzem. Somos chamados a produzir, também, com a força do trabalho, a fim de que, em regime de permuta, utilizando um instrumento intermediário, o dinheiro, possamos atender às nossas necessidades.

A perfeita compreensão dos deveres comunitários, que restringem a liberdade individual, é virtude rara. Por isso existem mecanismos destinados a orientar a população e conter suas indisciplinas. Há leis que definem direitos e obrigações. Há órgãos policiais para fiscalizar sua observância. Os infratores sujeitam-se às sanções legais, que podem implicar até no confinamento em prisões por tempo determinado, compatível com a natureza dos prejuízos causados a alguém ou à sociedade.

Quanto maior a expansão demográfica e a concentração urbana, mais difícil o controle da população. E há infrações que nem sempre podem ser enquadradas como delitos passíveis de punição ou nem sempre podem ser rigorosamente detectadas e corrigidas pelas autoridades.

Assim ocorre com o industrial cuja fábrica despeja poluentes na atmosfera e nos rios; com o jovem que transita com o escapamento de sua motocicleta aberto, gerando barulho ensurdecedor; com o alcoólatra que se comporta de forma inconveniente na rua; com o fumante que, em recinto fechado, expira baforadas de nicotina, obrigando os circunstantes a fumarem com ele; com o pichador de paredes que polui moral e culturalmente a cidade, desenhando frases de mau gosto e obscenidades; com o maledicente que se compraz em denegrir reputações, e muitos outros que revelam total desrespeito pelos patrimônios individuais e coletivos da comunidade e pelo inalienável direito comum à tranquilidade.

Todavia, estes impenitentes individualistas, ilhados numa visão egocêntrica de vida, saberão, mais cedo ou mais tarde, que nenhum prejuízo causado ao semelhante ficará impune.

E se a justiça da Terra é impotente para sentenciar os infratores, a justiça do Céu o fará, inelutavelmente, confinando-os em celas de desajuste e infelicidade, na intimidade de suas consciências, impondo-lhes renovadoras reflexões.

Aprendemos todos, por experiência própria, que há limites perfeitamente delineados em nossa liberdade de ação e que o mínimo que nos compete, em favor de nossa felicidade, é não perturbar o próximo, tanto quanto estimamos que ele não nos perturbe.

DETERMINISMO E LIVRE-ARBÍTRIO

Há pessoas que parecem perseguidas por uma fatalidade, independente da maneira por que procedem. Não lhes estará no destino o infortúnio?

São, talvez, provas que lhes caiba sofrer e que elas escolheram. Porém, ainda aqui lançais à conta do destino o que as mais das vezes é apenas consequência de vossas próprias faltas. Trata de ter pura a consciência em meio dos males que te afligem e já bastante consolado te sentirás.

Questão 852 (Da Lei de Liberdade).

Determinismo e livre-arbítrio são, aparentemente, temas inconciliáveis. Se os acontecimentos da existência estão programados não há liberdade de escolha. Pior: não há nem mesmo responsabilidade nas ações humanas. O assassino, o assaltante, o agressor, o viciado, o suicida, o indolente, o explorador do semelhante e muitas outras pessoas comprometidas com o Mal estariam apenas dançando ao som de uma orquestra denominada Destino, regida pela Fatalidade, até mesmo para que suas vítimas resgatassem débitos cármicos.

Semelhante raciocínio está distanciado da realidade. Existe, sim, um determinismo final, absoluto, inevitável: a Perfeição! Todos seremos Espíritos Superiores, prepostos de Deus, quer queiramos ou não, inevitavelmente. O tempo despendido depende de nós. Aí entra o livre-arbítrio, que nos permite decidir como viajar, quais os caminhos a serem percorridos. Há os que estacionam na preguiça, os que se chafurdam nos pântanos do vício, os que escolhem atalhos enganosos que desembocam em abismos de violência e crime...

Todavia, ainda que leve eternidades todos acertaremos o passo e corrigiremos a rota, com a tendência de andarmos cada vez mais depressa, com maior segurança, sem desvios, sem distrações, sem perda de tempo, na medida em que amadurecermos moral e intelectualmente, tomando consciência das leis inexoráveis que disciplinam esse trânsito divino.

Quanto à fatalidade na vida terrestre, pode-se dizer que está estreitamente vinculada ao exercício do livre-arbítrio. Diz o apóstolo Paulo: *Não vos enganeis: de Deus não se zomba; pois aquilo que o homem semear, isso também ceifará.* (Gálatas, 6:7). A semeadura é livre, mas a colheita é obrigatória. Temos liberdade para exercer nossa vontade e efetuar opções, mas a Vida estará realizando, sem cessar, no íntimo de nossa consciência, um levantamento de bens e males cultivados, premiando-nos com a paz ou corrigindo-nos com a dor, a fim de que não nos percamos nem estacionemos nos caminhos da evolução.

O nosso presente é, inelutavelmente, fruto do que fizemos no passado, da mesma forma que o nosso futuro será sempre uma projeção de nosso comportamento atual.

Um indivíduo experimenta durante muitos anos angustiante enfisema que resiste a todos os tratamentos, mergulhando, periodicamente, em terríveis crises respiratórias que o sufocam. Esta é uma doença cármica, faz parte de seu destino, mas é consequência de um crime cometido em existência anterior, quando assassinou um desafeto com punhaladas no peito. Ao fazê-lo infringiu o *Não matarás* da Lei Divina, desajustando seu próprio Espírito. É esse desajuste que se reflete hoje na máquina física, originando seu problema. Embora inconsciente da causa real de sua enfermidade, ele incorpora a experiência em seus patrimônios espirituais, modificando intuitivamente suas concepções e superando a tendência de resolver desentendimentos com o semelhante apelando para a violência.

Os eventos mais marcantes da existência humana guardam estreita vinculação com o passado, situando-se, geralmente, como a execução de cuidadoso planejamento da Espiritualidade em favor dos tutelados da Terra.

Nesse quadro, filhos-problema, cônjuge difíceis, limitações financeiras, deficiências físicas, enfermidades crônicas e outros males, que não raro acompanham o indivíduo a vida inteira, representam o preço nunca demasiado alto para uma reformulação existencial com vistas à própria redenção, acelerando a jornada evolutiva.

O óbice maior, este sim passível de gerar sofrimentos

contundentes, é que nessas situações penosas mas necessárias os prisioneiros do carma se rebelam, compondo quadros de fuga que se exprimem em vícios, desatinos, inconformação, libertinagem e outros desvios, com o que nada mais fazem senão acrescentar males à própria existência, agravando seus débitos e retardando a sua libertação.

Por isso a jornada humana transforma-se para muitos em experiência infeliz e traumatizante, simplesmente porque arremetem contra as grades de sofrimentos que objetivam conter seus impulsos inferiores, ferindo-se inutilmente e pouco acrescentando aos seus patrimônios espirituais além do mero registro de uma rebeldia contumaz que nada edifica.

O OBJETIVO ÚNICO DA VIDA

Pode o homem, pela sua vontade e por seus atos fazer que se não deem acontecimentos que deveriam verificar-se e reciprocamente?

Pode-o, se essa aparente mudança na ordem dos fatos tiver cabimento na sequência da vida que ele escolheu. Acresce que, para fazer o bem, como lhe cumpre, pois que isso constitui o objetivo único da vida, facultado lhe é impedir o mal, sobretudo aquele que possa concorrer para a produção de um mal maior.

Questão 860 (Da Lei de Liberdade).

Há na resposta dos Espíritos três proposições que, se observadas, operariam radicais transformações no comportamento humano:

Primeira: A prática do Bem é o objetivo único da vida.

Deus não nos deu a Vida por mero diletantismo. Criados à Sua imagem e semelhança, segundo a expressão bíblica, deuses em potencial, somos, como Jesus, instrumentos da Vontade Divina.

Mais cedo ou mais tarde, quando puros e perfeitos, dentro de milhares ou milhões de anos, também teremos missões gloriosas a cumprir, doadores de bênçãos, a enriquecer e sustentar a existência, em perene exercício de desprendimento e abnegação que nos manterá em comunhão com o Criador, integrados plenamente na Harmonia Universal, felizes para sempre.

Por isso, todos mecanismos evolutivos a que estamos submetidos - a reencarnação, a infância, o lar, o relacionamento afetivo, a escola, a dor, a adversidade, a doença, a velhice, a morte, naquele incessante *Nascer, viver, morrer, renascer ainda e progredir sempre, tal é a Lei*, da máxima atribuída a Kardec - nada mais fazem senão amadurecer em nossa personalidade a consciência de que é preciso participar da economia universal, exercitando o Bem sempre, adequando-nos às Leis Divinas e realizando-nos como filhos de Deus.

Aqueles que servem, empolgados pelo ideal do Bem, queimam etapas evolutivas, caminham mais depressa, atingem a santidade antes mesmo de serem sábios. Na verdade revelam muito mais sabedoria do que os que julgam detê-la, porquanto estes, embriagados em altos vôos de inteligência, perdem-se em discussões estéreis e raciocínios complicados, sem perceberem a suprema sabedoria que se exprime num gesto de bondade, que nos coloca mais perto de Deus.

Segunda: Com a prática do Bem, facultado é ao Homem impedir o Mal, sobretudo aquele que possa concorrer para a produção de um mal maior.

O exercício do Bem não só torna tolerável o mal que

nos é atirado, como nos ajuda a extingui-lo, evitando que se alastre, qual pequena chama que pode transformar-se em incêndio devastador.

Se alguém me dirige palavras ásperas e deseducadas, a ofensa somente me atingirá plenamente, com sua carga de vibrações desajustantes, se eu *passar recibo*, deixando-me dominar pela irritação. Se exercitar a compreensão, conservando o equilíbrio, não só me isentarei do mal que me dirigiram, como evitarei o mal maior, o revide furioso, passível de gerar atritos violentos e até um confronto físico de graves consequências. Muitos crimes são cometidos em situações assim, quando os contendores sofrem autêntico *curto-circuito* emocional, descendo a níveis perigosos de comportamento irracional, sem controle das próprias ações.

O tema tem implicações variadas e um alcance muito maior, principalmente sob o ponto de vista social. Suponhamos que em virtude de determinados compromissos espirituais - meu carma - eu me veja na contingência de residir nas proximidades de uma favela, habitada por pessoas extremamente carentes e desajustadas. Fatalmente estarei sujeito a constrangimentos e temores, ameaçado por assaltos e violências. Para defender-me, a primeira providência seria transformar minha casa numa fortaleza, com grossas portas e armas ao alcance da mão. Esforço inútil. O ladrão sempre encontra meios de entrar na casa escolhida e um confronto armado poderia ter trágicas consequências.

Há uma opção melhor: convido outros vizinhos, igualmente ameaçados, procuro os moradores da favela e fundamos ali um centro comunitário, iniciando abençoado trabalho social, com cursos profissionalizantes, mutirões, orientação moral, ajuda material, assistência médica... Resultado: meu empenho reduzirá drasticamente as ameaças ao meu lar, não só porque serei reconhecido pelos favelados como um amigo e benfeitor, mas também porque os estarei ajudando a encontrarem outros caminhos de subsistência, a distância de assaltos e crimes. Evito, assim, males maiores que poderiam me atingir - agressões, ferimentos e até a morte, bem como aqueles em que os favelados poderiam se comprometer na condição de assaltantes.

Esta seria a fórmula ideal para acabar com a violência e o crime. Se todos nos habituássemos a procurar os desvalidos, ajudando-os a vencerem seus problemas, erradicaríamos a miséria, a fome e o desespero que fomentam a violência e o crime.

Terceira: Acontecimentos funestos podem ser evitados pelo Homem se essa mudança *tiver cabimento na sequência da vida que ele escolheu.*

Isto significa que, não obstante o bem que venhamos a praticar, há males que, por sua natureza, não podem ser afastados, porquanto são necessários à nossa economia espiritual.

Há pessoas que procuram o Espiritismo levadas por graves problemas existenciais e complicados quadros de saúde. Após aprenderem que o bem praticado hoje neutraliza os efeitos do mal cometido ontem, raciocinam assim: *Vamos trabalhar muito em favor do semelhante! O Céu nos recompensará! Receberemos o salário de bênçãos que nos habilitará a uma vida melhor, plena de equilíbrio e bem-estar!*

Assim fazem. Empenham-se, ajudam, servem... E experimentam, realmente, promissoras mudanças - menos aflição com os problemas, menos sofrimento com os males físicos. Todavia, não chegam a realizar plenamente seus anseios. Muitos, por isso, caem no desânimo e abandonam as tarefas.

É que interpretaram equivocadamente os princípios espíritas. O bem nunca se perde. Com ele resgatamos o passado e edificamos o futuro. Imperioso considerar, entretanto, a natureza de nossos compromissos. Situemos a posição do suicida. O gesto tresloucado em existência anterior gerou violentos desequilíbrios espirituais que se refletem hoje no corpo físico, originando enfermidades incômodas e persistentes. O suicida, invariavelmente, habilita-se a complicados quadros clinicos no retorno à carne. A participação ativa no campo da fraternidade humana ser-lhe-á abençoado lenitivo, amenizando teus males. Mas a Natureza seguirá seu curso, pedindo o concurso do tempo para superação plena das desajustes nascidos de seu gesto de fuga.

Há outros aspectos importantes. Sabernos que muitos Espíritos planeiam, ao reencarnarem, determinados males físicos que atuarão como estimulos a um comportamento contido, em face de suas tendências inferiores. Nenhum recurso é tão eficiente como a Dor para superar as ilusões do Mundo. Não há nada que nos ligue melhor aos aspectos espirituais da existência, à Religião e à Fraternidade. Por maior, portanto, seja seu esforço no Bem, não se isentarão plenamente do *espinho na carne*, mesmo porque se isso ocorresse, provavelmente se distrairiam dos bons propósitos, ante a fragilidade de suas virtudes.

Hoje e sempre, a opção mais inteligente é o esforço do Bem, cumprindo a *finalidade única da vida*.

E tanto mais perseverantes e produtivos seremos quanto mais conscientes estivermos do Bem supremo: a presença de Deus, o Pai de infinito Amor, que em todas as circunstâncias nos reserva o melhor, oferecendo-nos experiências fundamentais em favor de nosso crescimento espiritual.

FATALIDADE E CRIMINALIDADE

Ao escolher a sua existência, o Espírito daquele que comete um assassínio sabia que viria a ser assassino?

Não. Escolhendo uma vida de lutas, sabe que terá ensejo de matar um de seus semelhantes, mas não sabe se o fará, visto que ao crime precederá quase sempre, de sua parte, a deliberação de praticá-lo. Ora, aquele que delibera sobre uma coisa é sempre livre a fazê-lo, ou não. Se soubesse previamente que, como homem, teria que cometer um crime, o Espírito estaria a isso predestinado. Ficai, porém, sabendo que ninguém há predestinado ao crime e que todo crime, como qualquer outro ato, resulta sempre da vontade e do livre-arbítrio. Demais, sempre confundis duas coisas muito distintas: os sucessos materiais da vida e os atos da vida moral. A fatalidade, que algumas vezes há, só existe com relação àqueles sucessos materiais, cuja causa reside fora de vós e que independem de vossa vontade. Quanto aos atos da vida moral, esses emanam sempre do próprio Homem, que, por conseguinte, tem sempre a liberdade de escolher. No tocante, pois, a esses atos, nunca há fatalidade.

Questão 861 (Da Lei de Liberdade).

As grandes concentrações urbanas geram, nos países subdesenvolvidos, situações de penúria para significativa parcela da população. Sem moradia compatível com a dignidade humana, sem alimentos suficientes, sem instrução adequada, há os que enveredam pela criminalidade, transformando as cidades em sombrias selvas, cheias de perigos, onde ninguém desfruta de segurança. Semelhante comportamento seria uma fatalidade? Não estariam tais criaturas induzidas a delinquência, até por uma questão de sobrevivência?

A resposta oferecida a Kardec é profundamente esclarecedora. Só há fatalidade com relação aos acontecimentos materiais - nunca nas opções morais.

A miséria pode ser uma fatalidade. Há Espíritos que renascem em lares paupérrimos para resgatar dívidas resultantes do abuso do poder ou da riqueza no passado. Mas, se para resolver seus problemas, dispõem-se a matar e roubar, estaremos diante de uma decisão pessoal, que nada tem a ver com seu destino. O crime é sempre uma perturbação da ordem universal. Não faz parte dos planos da Criação e os que com ele se envolvem mais cedo ou mais tarde responderão por seus atos, sujeitando-se a dolorosas experiências regeneradoras.

Há o pressionamento social, os exemplos negativos, as contingências da fome, da necessidade extremada, que podem induzir o indivíduo à violência. Semelhantes reações, entretanto, não são inevitáveis. Tratam-se de opções individuais, inspiradas em tendências cultivadas. Um tigre faminto matará o primeiro homem que lhe surja à frente; um cordeiro, em idêntica situação, morrerá de fome mas não agredirá ninguém. Nas favelas há muita gente sofrendo privações materiais. Alguns cometem crimes para superar suas dificuldades. A maioria, entretanto, luta desesperadamente pela sobrevivência, trabalhando de sol a sol em funções humildes e sacrificadas. São Espíritos que já superaram a disposição de resolver seus problemas como o fazem as feras.

A propósito do assunto vale lembrar a experiência de escravos africanos. Não há, talvez, situação mais constrangedora que a privação total da liberdade. O escravo não tem nenhum direito sobre si mesmo - é propriedade de alguém, que pode dispor de seu trabalho, de seu corpo, de sua própria vida. Se a delinquência fosse mera consequência das pressões sociais, os filhos da África, criminosamente explorados no Brasil imperial, seriam consumados marginais. A realidade é bem diferente e muitos deles eram criaturas simples, humildes, sofredoras, dotadas de grande resignação. São ramosas as histórias de negros africanos que, não obstante sua pouca cultura, enfrentaram toda sorte de sofrimentos e privações com imorredouros exemplos de estoicismo e coragem.

Na atualidade temos multidões de Espíritos agressivos e deseducados reencarnando para rudes experiências relacionadas com a pobreza. Diante das privações materiais eles agem segundo sua condição evolutiva, com feroz agressividade e total desrespeito pela vida humana.

O contato com eles representa uma fatalidade na medida em que somos submetidos a situações que impusemos a alguém no passado. E nossas reações diante do mal que nos façam exprimirão se ainda existe o bruto dentro de nós, disposto a revidar até a morte, ou se já atingimos outras faixas evolutivas, predispondo-nos a perdoar.

Tão importante quanto isso, em favor de nosso amadurecimento espiritual, será irmos ao encontro dos miseráveis de toda sorte, situados nas favelas, nas prisões, nos manicômios, nos reformatórios, ajudando-os a solucionar seus problemas para que não se transformem em problemas para nós; ajudando-os a vencer a agressividade para que não sejamos vitimados por ela. Filhos da omissão, tais males fatalmente nos atingirão.

TEMPERO INDESEJÁVEL

Sendo a justiça uma lei da natureza, como se explica que os homens a entendam de modo tão diferente, considerando uns justo o que a outros parece injusto?

É porque a esse sentimento se misturam paixões que o alteram, como sucede à maior parte dos outros sentimentos naturais, fazendo que os homens vejam as coisas por um prisma falso.

Questão 874 (Da Lei de Justiça, de Amor e de Caridade).

É sempre oportuno ressaltar, na apreciação das Leis Morais, nossa condição de filhos de Deus, criados à sua imagem e semelhança, segundo o simbolismo bíblico.

Se o Criador é a equidade perfeita, a lógica nos diz que necessariamente existe embrionário em nós esse mesmo atributo, tanto que nos sentimos agredidos quando não nos dispensam justiça e somos decididamente infelizes, ainda que não o reconheçamos, quando não a exercitamos em relação ao semelhante.

No propósito de agilizar o desenvolvimento dessa vocação divina em nós, a sabedoria celeste oferece-nos, periodicamente, noções a respeito do assunto, compatíveis com nosso estágio de entendimento.

Nesse particular, a mensagem maior, uma revelação divina, segundo Kardec, está na Tábua da Lei recebida por Moisés no Monte Sinai.

Naquele exato momento, o grande legislador judeu, em contato com a Espiritualidade Maior, fazia-se instrumento para oferecer ao Homem os fundamentos da justiça, partindo de um princípio básico: nossos direitos terminam onde começam os direitos do próximo. Em síntese, eliminando-se os acréscimos dispensáveis, que podemos debitar às suas limitações como espírito encarnado, Moisés definiu o que não devemos fazer:

Não matar.
Não roubar.
Não levantar falso testemunho.
Não cometer adultério.
Não cobiçar nada do próximo.

Imaginemos que mundo feliz seria o nosso se ninguém cometesse crimes, nem mentisse, nem cultivasse a traição ou a cupidez!

Vicejam esses males na sociedade humana apenas porque somos passionais.

Paixão - define o dicionário - é uma emoção forte, arrebatadora, que compromete o discernimento. Exemplo típico: o adolescente empolgado por uma jovem que não corresponde ao seu ímpeto. Não consegue tirá-la da cabeça, cultivando ciúmes e angústias intermináveis. Incapaz de exercitar a razão, perde-se num círculo vicioso de ideias infelizes, cogitando de agredir supostos rivais ou a si mesmo na loucura do suicídio.

Existem muitas paixões: dinheiro, jogo, sexo, poder, beleza, sempre desajustantes, comprometedoras, porquanto, anulando nossa capacidade de discernimento, nos induzem a infringir a Lei de Justiça prejudicando o próximo. Agem passionalmente:

O marido que mata a esposa num acesso de ciúmes..

O maledicente que destrói reputações...

O capitão de indústria que explora os operários...

O sedutor que ilude mulheres incautas...

O tirano que domina multidões...

Pessoas assim têm noção do que é certo ou errado, mas deixam-se dominar por impulsos passionais, semeando espinhos que forçosamente deverão colher.

O mal retorna inevitavelmente àquele que o pratica:

A curto prazo, na forma de inquietação.

A médio prazo, transvestido de desajustes físicos e espirituais.

A longo prazo, em existências futuras, quando se defrontará com os mesmos prejuízos impostos às suas vítimas.

Imperioso, portanto, em nosso próprio benefício, que domemos as paixões, usando como elementar exame de consciência as negativas mosaicas, que devem sobrepor-se aos impulsos passionais sempre que estes nos sugiram o desrespeito pelos direitos alheios.

JUSTIÇA ILUMINADA

Da necessidade que o Homem tem de viver em sociedade, nascem-lhe obrigações especiais?

Certo e a primeira de todas é a de respeitar os direitos de seus semelhantes. Aquele que respeitar esses direitos procederá sempre com justiça. Em o vosso mundo, porque a maioria dos homens não pratica a lei de justiça, cada um usa de represálias. Essa a causa da perturbação e da confusão em que vivem as sociedades humanas. A vida social outorga direitos e impõe sempre deveres recíprocos.

Questão 877 (Da Lei de Justiça, de Amor e de Caridade).

O mais elementar princípio de convivência social recomenda que nos respeitemos uns aos outros, partindo do essencial: nossos direitos terminam onde começam os direitos alheios. Observando-o, viveremos em paz.

O problema é que poucos fazem isso. Daí a confusão de nosso mundo.

Então a pergunta: Como proceder com aqueles que fazem ao semelhante males que não desejam para si mesmos?

O próprio Moisés, que foi instrumento da Espiritualidade para a Revelação da Justiça, esbarrou nessa dificuldade e, atropelando-a com a lógica de seu tempo, instituiu a Pena de Talião, *o olho por olho, dente por dente*, que é profundamente contraditória, porquanto impõe aos infratores da Lei Divina os mesmos males que pretende coibir, realimentando-os.

É o revide puro e simples, que configura uma tendência arraigada no espírito humano. Se alguém faz contra nós algo que não gostaria de sofrer - um comentário desairoso, por exemplo - nossa reação provável será responder na mesma proporção. Resultado: atrito, desentendimento, troca de insultos, inimizade...

Esse comportamento evidencia-se no trânsito. Se o motorista, por lapso de atenção comete um engano, quase provocando acidente, provavelmente ouvirá palavrões. Reação inconveniente, própria de gente deseducada, que revida agressivamente ao susto sofrido.

O ideal seria relevar e esquecer. Afinal, cada um dá o que tem e se nos oferecem destemperos emocionais não somos obrigados a acolhê-los.

No entanto, sem cogitar dessa saudável atitude, nosso herói parte para a retaliação, caprichando na adjetivação ofensiva, a fermentar um desentendimento que poderá culminar com deprimente pugilato.

Agir assim é como apagar fogo com gasolina. As prisões estão repletas de adeptos do *olho por olho*, que revidaram à ofensa com o assassinato do ofensor. Não levaram desaforo para casa - apenas a desolação, o sofrimento e, não raro, a penúria para os familiares.

Falta um componente básico em nossos exercícios de justiça: o Amor.

Parecerá estranho. Como compatibilizar a Justiça o Amor? A primeira sugere cobrança. O segundo é doação. Não se pode cobrar e doar ao mesmo tempo. Ou sentenciamos ou perdoamos...

No entanto, não pode haver contradição, porquanto a Justiça e o Amor são leis divinas.

Na verdade completam-se.

Confrontemos os dois princípios:

Justiça: não fazer ao semelhante o mal que não queremos para nós.

Amor: fazer ao semelhante o bem que queremos para nós.

Se exercitamos a Justiça, respeitando a integridade alheia, como proceder com aqueles que não nos respeitam, prejudicando-nos?

Aqui entra o Amor, que sugere nos coloquemos no lugar do ofensor, procurando definir suas motivações. Por que o fez? Afinal, trata-se de um filho de Deus, criado para o Bem, como todos nós. Se agiu errado certamente há algum problema com ele. É preciso ajudá-lo, ainda que apenas com o nosso silencioso perdão, evitando que se comprometa em novas investidas.

Isso não significa que compactuemos com o mal, mas que não discriminemos o malvado, como se contestássemos sua filiação divina que faz dele nosso irmão.

Com a aplicação do Amor à justiça humana teremos os presídios transformados em hospitais da Alma. O criminoso deve ser considerado alguém socialmente enfermo.

Justo que seja segregado. Tornou-se um elemento perturbador da ordem social, assim como um órgão doente perturba a ordem física. Mas é fundamental que não transformemos a segregação em mera punição, assim como seria rematada tolice castigar o fígado ou o baço em virtude de eventual achaque. Membro da sociedade, que não raro contribuiu para suas defecções morais, ele deve ser medicado com recursos de instrução, educação, orientação psicológica, laborterapia e iniciação religiosa.

Não apenas quanto aos criminosos, mas em todo relacionamento social, profissional e familiar é preciso aprender a relevar os males que nos façam, ainda que por mera compaixão. Afinal os ofensores, mesmo que se furtem às leis humanas, estão inelutavelmente enquadrados pelas Leis Divinas, que lhes cobrarão *até o último ceitil*, segundo a expressão de Jesus. Diz ainda o Mestre:

Se a vossa justiça não exceder em muito a dos escribas e fariseus, jamais entrareis no reino dos céus. (Mateus, 5:20.).

Entraremos no Reino Divino, um venturoso estado de consciência, somente quando iluminarmos nosso senso de justiça com o Amor, superando o espírito de revide com um excelente exercício de equilíbrio e comedimento: a compreensão.

A CARIDADE E O AMOR

Qual o verdadeiro sentido da palavra caridade, como a entendia Jesus?

Benevolência para com todos, indulgência para as imperfeições dos outros, perdão das ofensas.

Questão 886 (Da Lei de Justiça, de Amor e de Caridade).

Confunde-se, frequentemente, caridade com amor. No entanto, não são palavras sinônimas, tanto que ambas aparecem numa lei divina que inclui a justiça. Muitos centros espíritas levam o nome *Amor e Caridade*. Evidentemente não imaginavam seus fundadores tivessem o mesmo significado, algo como *Luz e Claridade* ou *Paz e Tranquilidade*.

Caridade seria, na ótica de O *Livro dos Espíritos*:

Benevolência, que se exprime na boa vontade e na disposição para praticar o Bem;

Indulgência, que é clemência e misericórdia para com

as imperfeições alheias;

Perdão, que é o ato de desculpar ofensas.

Exercício de benevolência: Trabalho em favor do semelhante.

Exercício de indulgência: Solidariedade em face das limitações e fraquezas do próximo, evitando discriminá-lo.

Exercício de perdão: Esquecimento do mal que se tenha sofrido de alguém, num ato de tolerância esclarecida que se exprime na compreensão.

Talvez tenhamos aí a origem da máxima de Kardec *Trabalho, Solidariedade e Tolerância*, a orientar a ação espírita. Sem tais princípios não há a possibilidade de um entendimento perfeito entre os homens na construção de um mundo melhor.

E o Amor?

Amor é afeição profunda. É gostar muito. É, em sua acepção mais nobre, querer o bem de alguém na doação de si mesmo.

Decantado pelos poetas e exaltado pelos sonhadores, o Amor é abençoado sol que ilumina e aquece os escabrosos caminhos humanos.

Só há um problema: é impossível sustentá-lo, torná-lo operoso e produtivo sem o combustível da caridade.

Encontramos na via pública uma mulher em penúria, rodeada de filhos maltrapilhos e famintos. Sensibilizamo-nos:

Que quadro triste, meu Deus! Quanto sofrimento!

Estendemos-lhe alguns trocados e seguimos em frente, evocando, cheios de compaixão:

Jesus a ampare, minha irmã!

Naquele exato momento brilhou em nós uma réstia de

amor, infiltrando-se no impassível egocentrismo humano.

Mas que amor vazio, efêmero! Um amor quase inútil, que se limitou à esmola para aliviar a consciência, transferindo para o Cristo providência melhor, sem considerar que Ele esperava por nós para atendê-la com a iniciativa de parar, conversar, conhecer melhor a extensão de seus problemas, ajudando-a. Sem caridade o amor pode ser muito displicente...

Temos um grande amigo. Gostamos muito dele. Um dia ele faz algo que nos desagrada. Irritamo-nos profundamente. Azedamos nosso relacionamento. Distanciamo-nos, jogando fora uma gratificante amizade. Sem caridade o companheiro mais querido pode converter-se num estranho...

O casal vive muito bem. Marido e mulher amam-se profundamente. Um dia ele comete um deslize: envolve-se em aventura extraconjugal. A esposa toma conhecimento e o abandona imediatamente, não obstante ele implorar-lhe que fique, dilacerado de remorsos. E estagiam ambos em crônica infelicidade, marcada por insuperável nostalgia. Sem caridade o afeto mais ardente pode ser afogado num oceano de mágoas e ressentimentos.

No passado muitos religiosos instalavam-se em lugares ermos, impondo-se privações e flagícios como sacrifício em favor da Humanidade. Em sua maioria apenas comprometeram-se em excentricidades e desequilíbrios. Sem caridade o amor pelo semelhante pode converter-se em perturbadora paixão por nós mesmos...

O apóstolo Paulo vai bem mais longe no assunto (I Coríntios 13:1-3), quando destaca que ainda que detenhamos o verbo mais sublime, a mediunidade mais apurada, o conhecimento mais profundo, a convicção mais poderosa, o desapego mais amplo e inabalável destemor da morte, isso tudo pouco valerá se faltar a caridade, isto é, se não estivermos imbuídos do desinteresse pessoal, no desejo sincero de servir o semelhante.

E Kardec nos oferece a mesma visão da inutilidade de todas as iniciativas em favor da redenção humana, se faltar o componente básico, ao proclamar,

Fora da Caridade não há Salvação.

A VALIOSA EXPERIÊNCIA DE AGOSTINHO

Qual o meio prático mais eficaz que tem o Homem de se melhorar nesta vida e de resistir à atração do mal?

Um sábio da antiguidade vô-lo disse: Conhece-te a ti mesmo.

Questão 919 (Da Perfeição Moral).

Diz Paulo de Tarso, na Epístola aos Romanos (7:19): *Porque não faço o bem que prefiro, mas o mal que não quero, esse faço.*

Milenarmente comprometidos com a rebeldia, experimentamos imensa dificuldade em pautar nossas ações em valores de virtude e discernimento.

Embora com a vocação para o Bem - somos filhos de Deus - envolvemo-nos facilmente com o Mal, a exprimir-se em vícios, paixões, agressividade, violência, desatino, irresponsabilidade.

O fato de convivermos tranquilamente com a miséria e a fome, a dor e a dificuldade, a solidão e a amargura que habitam favelas, prisões, hospitais e asilos, na base do *cada um por si e Deus por todos*, revela a que distância estamos da bondade, estacionados na indiferença pelas necessidades alheias.

Não nos faltam orientações a respeito. Desde as culturas mais antigas, missionários da Espiritualidade Maior transitam pela Terra, legando-nos preciosas lições de virtude e sabedoria.

Vale destacar Jesus, orientador supremo, que operou o prodígio de sintetizar, na simplicidade de suas lições, o conjunto de leis morais que regem nossa evolução. Diz André Luiz que dez minutos de leitura do Evangelho são suficientes para nos oferecer uma substância de conhecimento capaz de orientar seguramente a existência inteira.

No entanto, raros vivem as excelências da Boa-Nova. Os homens, em esmagadora maioria, quais alunos recalcitrantes, repetem as lições sem assimilá-las devidamente, na fieira das reencarnações sucessivas, transitando distraídos das finalidades da existência humana.

Nos próprios círculos religiosos vemos o mal rondando, na medida em que os profitentes participam superficialmente, muito mais interessados em receber benefícios do que em viver as excelências da religião. Situam-se na crença morna que gera o farisaísmo: o crente que exalta a virtude sem vivenciá-la; que apregoa a caridade sem praticá-la; que abomina o mal mas se envolve com ele.

Não podemos debitar semelhante comportamento à

fragilidade humana. O problema é de internalização, de empenho por aplicar o conhecimento religioso à própria vida, partindo da noção para a conscientização.

A fórmula ideal, em semelhante propósito, foi sugerida por Sócrates: o conhecimento de nós mesmos.

Santo Agostinho, numa das poucas respostas assinadas em O *Livro dos Espíritos* (919-a), e das mais importantes, oferece sua própria experiência nesse sentido, sabiamente singela, e tão eficiente que transformou um jovem mundano, envolvido com os enganos do mundo, no indômito e virtuoso Bispo de Hipona. Trata-se simplesmente de efetuar, ao final de cada dia, um levantamento de nossas atividades. Diz ele:

Fazei o que eu fazia, quando vivi na Terra: ao fim do dia, interrogava a minha consciência, passava revista ao que fizera e perguntava a mim mesmo se não faltara a algum dever, se ninguém tivera motivo para de mim se queixar. Foi assim que cheguei a me conhecer e a ver o que em mim precisava de reforma. Aquele que, todas as noites, evocasse todas as ações que praticara durante o dia e inquirisse de si mesmo o bem ou o mal que houvera feito, rogando a Deus e ao seu anjo de guarda que o esclarecessem grande força adquiriria para se aperfeiçoar, porque, crede-me. Deus o assistira. Dirigi, pois, a vós mesmos perguntas, interrogai-vos sobre o que tendes feito e com que objetivo procedestes em tal ou tal circunstância, sobre se fizestes alguma coisa que, feita por outrem censuraríeis, sobre se obrastes alguma ação que não ousaríeis confessar. Perguntai ainda mais: Se aprouvesse a Deus chamar-me neste momento, teria que temer o olhar de alguém, ao entrar de novo no mundo dos Espíritos, onde nada pode ser ocultado?*

Examinai o que pudestes ter obrado contra Deus, depois contra o vosso próximo e, finalmente, contra vós mesmos. As respostas vos darão, ou o descanso para a vossa consciência, ou a indicação de um mal que precise ser curado.

O conhecimento de si mesmo é, portanto, a chave do progresso individual. Mas, direis, como há-de alguém julgar-se a si mesmo? Não está aí a ilusão do amor-próprio para atenuar as faltas e torná-las desculpáveis? O avarento se considera apenas econômico e previdente; o orgulhoso julga que em si só há dignidade. Isto é muito real, mas tendes um meio de verificação que não pode iludir-vos. Quando estiverdes indecisos sobre o valor de uma de vossas ações, inquiri como a qualificaríeis, se praticada por outra pessoa. Se a censurais noutrem, não na podereis ter por legítima quando fordes o seu autor, pois que Deus não usa de duas medidas na aplicação de sua justiça. Procurai também saber o que dela pensam os vossos semelhantes e não desprezeis a opinião dos vossos inimigos, porquanto esses nenhum interesse têm em mascarar a verdade e Deus muitas vezes os coloca ao vosso lado como um espelho, a fim de que sejais advertidos com mais franqueza do que o faria um amigo. Perscrute, conseguintemente, a sua consciência aquele que se sinta possuído do desejo sério de melhorar-se, a fim de extirpar de si os maus pendores, como do seu jardim arranca as ervas daninhas; dê balanço no seu dia moral para, a exemplo do comerciante, avaliar suas perdas e lucros e eu vos asseguro que a conta destes será mais avultada a daquelas. Se puder dizer que foi bom o seu dia, poderá dormir em paz e aguardar sem receio o despertar na outra vida.

Formulai, pois, de vós para convosco, questões nítidas e precisas e não temais multiplicá-las. Justo é que se gastem alguns minutos para conquistar uma felicidade eterna. Não trabalhais todos os dias com o fito de juntar haveres que vos garantam repouso na velhice? Não constitui esse repouso o objeto de todos os vossos desejos, o fim que vos faz suportar fadigas e privações temporárias? Pois bem! que é esse descanso de alguns dias, turbado sempre pelas enfermidades do corpo, em comparação com o que espera o homem de bem? Não valerá esse outro a pena de alguns esforços? Sei haver muitos que dizem ser positivo o presente, incerto o futuro. Ora, esta exatamente a ideia que estamos encarregados de eliminar do vosso íntimo, visto desejarmos fazer que compreendais esse futuro, de modo a não restar nenhuma dúvida em vossa alma. Por isso foi que primeiro chamamos a vossa atenção por meio de fenômenos capazes de ferir-vos os sentidos e que agora vos damos instruções, que cada um de vós se acha encarregado de espalhar. Com este objetivo é que ditamos *O Livro dos Espíritos*.

Kardec ressalta a importância da proposta de Agostinho, ao comentar:

Muitas faltas que cometemos nos passam despercebidas. Se efetivamente, seguindo o conselho de Santo Agostinho, interrogássemos mais amiúde a nossa consciência, veríamos quantas vezes falimos sem que o suspeitemos, unicamente por não perscrutarmos a natureza e o móvel dos nossos atos. A forma interrogativa tem alguma coisa de mais preciso do que qualquer máxima, que muitas vezes deixamos de aplicar a nós mesmos. Aquela exige respostas categóricas, por um sim ou um não, que não abrem lugar para qualquer alternativa e que são outros tantos argumentos pessoais. E, pela soma que derem as respostas, poderemos computar a soma de bem ou de mal que existe em nós.

O princípio de nossa renovação seria, portanto aprendermos a questionar a nós mesmos, ajustando-nos às leis divinas, mesmo porque não somos vegetais conduzidos pelo automatismo da Natureza. Somos Espíritos, seres pensantes, filhos de Deus, dotados de potencialidades criadoras que pedem esforço no Bem para que cresçam e floresçam, oferecendo-nos frutos abençoados de felicidade e paz, em observância plena da Divina Constituição.

BIBLIOGRAFIA DO AUTOR

01 – PARA VIVER A GRANDE MENSAGEM 1969
Crônicas e histórias.
Ênfase para o tema Mediunidade.
Editora: FEB

02 – TEMAS DE HOJE, PROBLEMAS DE SEMPRE 1973
Assuntos de atualidade.
Editora: Correio Fraterno do ABC

03 – A VOZ DO MONTE 1980
Comentários sobre O Sermão da Montanha.
Editora: FEB

04 – ATRAVESSANDO A RUA 1985
Histórias.
Editora: IDE

05 – EM BUSCA DO HOMEM NOVO 1986
Parceria com Sérgio Lourenço e Therezinha Oliveira.
Comentários evangélicos e temas de atualidade.
Editora: EME

06 – ENDEREÇO CERTO 1987
Histórias.
Editora: IDE

07 – QUEM TEM MEDO DA MORTE? 1987
Noções sobre a morte e a vida espiritual.
Editora: CEAC

08 – A CONSTITUIÇÃO DIVINA 1988
Comentários em torno de As Leis Morais,
3ª parte de *O Livro dos Espíritos*.
Editora: CEAC

09 – UMA RAZÃO PARA VIVER 1989

Iniciação espírita.

Editora: CEAC

10 – UM JEITO DE SER FELIZ 1990

Comentários em torno de Esperanças e Consolações, 4ª parte de *O Livro dos Espíritos.*

Editora: CEAC

11 – ENCONTROS E DESENCONTROS 1991

Histórias.

Editora: CEAC

12 – QUEM TEM MEDO DOS ESPÍRITOS? 1992

Comentários em torno de Do Mundo Espírita e dos Espíritos 2ª parte de *O Livro dos Espíritos.*

Editora: CEAC

13 – A FORÇA DAS IDEIAS 1993

Pinga-fogo literário sobre temas de atualidade.

Editora: O Clarim

14 – QUEM TEM MEDO DA OBSESSÃO? 1993

Estudo sobre influências espirituais.

Editora: CEAC

15 – VIVER EM PLENITUDE 1994

Comentários em torno de Do Mundo Espírita e dos Espíritos 2ª parte de *O Livro dos Espíritos.*

Sequência de *Quem Tem Medo dos Espíritos?*

Editora: CEAC

16 – VENCENDO A MORTE E A OBSESSÃO 1994

Composto a partir dos textos de *Quem Tem Medo da Morte?* e *Quem Tem Medo da Obsessão?*

Editora: Pensamento

17 – TEMPO DE DESPERTAR 1995

Dissertações e histórias sobre temas de atualidade.

Editora: FEESP

18 – NÃO PISE NA BOLA 1995

Bate-papo com jovens.

Editora: O Clarim

19 – A PRESENÇA DE DEUS 1995

Comentários em torno de Das Causas Primárias, 1ª parte de *O Livro dos Espíritos.*

Editora: CEAC

20 – FUGINDO DA PRISÃO 1996

Roteiro para a liberdade interior

Editora: CEAC

21 – O VASO DE PORCELANA 1996

Romance sobre problemas existenciais, envolvendo família, namoro, casamento, obsessão, paixões...

Editora: CEAC

22 – O CÉU AO NOSSO ALCANCE 1997

Histórias sobre O Sermão da Montanha.

Editora: CEAC

23 – PAZ NA TERRA 1997

Vida de Jesus – nascimento ao início do apostolado.

Editora: CEAC

24– ESPIRITISMO, UMA NOVA ERA 1998

Iniciação Espírita.

Editora: FEB

25 – O DESTINO EM SUAS MÃOS 1998

Histórias e dissertações sobre temas de atualidade.

Editora: CEAC

26 – LEVANTA-TE! 1999

Vida de Jesus – primeiro ano de apostolado.

Editora: CEAC

27 – LUZES NO CAMINHO 1999

Histórias da História, à luz do Espiritismo.

Editora CEAC

28 – TUA FÉ TE SALVOU! 2000

Vida de Jesus – segundo ano de apostolado.

Editora: CEAC

29 – REENCARNAÇÃO – TUDO O QUE VOCÊ PRECISA SABER 2000

Perguntas e respostas sobre a reencarnação.

Editora: CEAC

30 – NÃO PEQUES MAIS! 2001

Vida de Jesus – terceiro ano de apostolado.

Editora: CEAC

31 – PARA RIR E REFLETIR 2001

Histórias bem-humoradas, analisadas à luz da Doutrina Espírita.

Editora: CEAC

32 – SETENTA VEZES SETE 2002

Vida de Jesus – últimos tempos de apostolado.

Editora: CEAC

33 – MEDIUNIDADE, TUDO O QUE VOCÊ PRECISA SABER 2002

Perguntas e respostas sobre mediunidade.

Editora: CEAC

34 – ANTES QUE O GALO CANTE 2003

Vida de Jesus – o Drama do Calvário.

Editora: CEAC

35 – ABAIXO A DEPRESSÃO! 2003
Profilaxia dos estados depressivos.
Editora: CEAC

36 – HISTÓRIAS QUE TRAZEM FELICIDADE 2004
Parábolas evangélicas, à luz do Espiritismo.
Editora: CEAC

37 – ESPIRITISMO, TUDO O QUE VOCÊ PRECISA SABER 2004
Perguntas e respostas sobre a Doutrina Espírita.
Editora: CEAC

38 – MAIS HISTÓRIAS QUE TRAZEM FELICIDADE 2005
Parábolas evangélicas, à luz do Espiritismo.
Editora: CEAC

39 – RINDO E REFLETINDO COM CHICO XAVIER 2005
Reflexões em torno de frases e episódios bem-humorados do grande médium.
Editora: CEAC

40 – SUICÍDIO, TUDO O QUE VOCÊ PRECISA SABER 2006
Noções da Doutrina Espírita sobre a problemática do suicídio.
Editora: CEAC

41 – RINDO E REFLETINDO COM CHICO XAVIER 2006
Volume II
Reflexões em torn de frases e episódios bem-humorados do grande médium.
Editora: CEAC

42 – TRINTA SEGUNDOS 2007

Temas de atualidade em breves diálogos.

Editora: CEAC

43 – RINDO E REFLETINDO COM A HISTÓRIA

2007

Reflexões em torno da personalidade de figuras ilustres e acontecimentos importantes da História.

Editora: CEAC

44 – O CLAMOR DAS ALMAS 2007

Histórias e dissertações doutrinárias.

Editora: CEAC

45 – MUDANÇA DE RUMO 2008

Romance.

Editora: CEAC

46 – DÚVIDAS E IMPERTINÊNCIAS 2008

Perguntas e respostas.

Editora: CEAC

47 – BEM-AVENTURADOS OS AFLITOS 2009

Comentários sobre o capítulo V de *O Evangelho segundo o Espiritismo*.

Editora: CEAC

48 – POR UMA VIDA MELHOR 2009

Regras de bem viver e orientação aos Centros Espíritas

Editora CEAC

49 – AMOR, SEMPRE AMOR! 2010

Variações sobre o amor, a partir de *O Evangelho segundo o Espiritismo*.

Editora: CEAC

50 – O PLANO B 2010

Romance

Editora CEAC

51 – BOAS IDEIAS 2011

Antologia de 50 obras do autor

Editora CEAC